M. GUYAU

—

VERS

D'UN PHILOSOPHE

———

PARIS

LIBRAIRIE GERMER BAILLIÈRE ET Cie

108, BOULEVARD SAINT-GERMAIN, 108

—

1881

VERS

D'UN PHILOSOPHE

PARIS

IMPRIMERIE E. CAPIOMONT ET V. RENAULT

6. rue des Poitevins, 6

M. GUYAU

VERS

D'UN

PHILOSOPHE

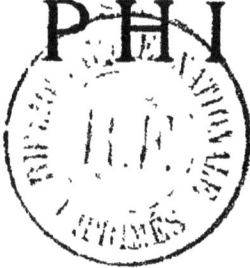

PARIS

LIBRAIRIE GERMER BAILLIÈRE ET Cie

108, BOULEVARD SAINT-GERMAIN, 108

1881

Il y a deux écoles en poésie : l'une recherche la vérité de la pensée, la sincérité de l'émotion, le naturel et la fidélité parfaite de l'expression, qui font qu'au lieu d'un auteur « on trouve un homme » : pour cette école, pas de poésie possible sans une idée et un sentiment qui soient vraiment pensés et sentis. Pour d'autres, au contraire, la vérité du fond et la valeur des idées sont chose accessoire dans la poésie : le tissu brillant de ses fictions n'a rien de commun ni avec la philosophie ni avec la science ; c'est un jeu d'imagination et de style, un ravissant mensonge dont personne ne doit être dupe, surtout le poète. L'acteur, au théâtre, pour produire sur les spectateurs l'apparence de

a

la vérité, n'est-il pas contraint à grossir sa voix, à exagérer ses gestes, à outrer toujours un peu l'expression de ses sentiments? Il en est ainsi de l'artiste pour ceux qui croient que l'artifice est une condition essentielle de l'art : ils veulent que le poète soit le virtuose de son propre cœur.

Pour notre part, nous ne saurions admettre cette seconde théorie, qui nous semble enlever à l'art tout son sérieux. Nous pensons, au contraire, que le seul moyen de conserver à la poésie son rang en face de la science, c'est d'y chercher la vérité comme dans la science même, mais sous une autre forme et par d'autres voies. Si l'on a eu raison de dire que la poésie est souvent plus vraie que l'histoire, ne peut-elle aussi être parfois plus philosophique que la philosophie même?

On nous objectera que les conceptions abstraites de la philosophie et de la science moderne ne sont pas faites pour la langue des vers. Nous répondrons que la philosophie touche aussi par certains côtés à ce qu'il y a de plus concret au monde, de plus capable de passionner, puisqu'elle se pose le problème de notre existence même et de notre destinée. La philosophie tend de nos jours à remplacer la religion, qui fut jadis une des grandes sources de la poésie. Le langage philosophique n'est vraiment hors de la portée du vers que lorsqu'il devient didactique et technique ; mais peut-être alors perd-il plus qu'il ne gagne : le sens le plus profond appartient souvent aux mots les plus simples, et ceux-là, le poète peut les employer comme le prosateur. Loin d'exclure le sentiment, la pensée philosophique l'enveloppe toujours : quand il s'agit des grands problèmes de la destinée humaine, on peut dire que chacun de nous pense autant avec son cœur qu'avec son cerveau.

Cette sorte d'émotion sincère et contenue qui accompagne toujours la pensée philosophique nous a paru capable d'animer un volume de vers. Nous sommes-nous trompé? Y aurait-il quelque chose de plus fort que la vérité et la sincérité? Ou bien n'avons-nous pu, malgré tout notre désir, atteindre ni l'une ni l'autre? Le lecteur seul pourra en juger[1].

1. Dans la poésie, non moins que dans les autres arts, le fond et la forme doivent être inséparables : l'un projette l'autre et l'anime. Comme l'a dit le poète anglais, « imitons la nature souveraine pour créer la forme, une forme qui ne soit pas une prison, mais un corps : allons toujours du dedans au dehors, dans la vie et dans l'art qui est encore la vie. » Pour s'adapter ainsi aux moindres nuances de la pensée émue et vibrante, pour l'exprimer tout entière sans jamais la trahir, la forme doit avoir la plus grande flexibilité et l'harmonie la plus variée. Les questions de métrique, de facture et pour ainsi dire de *modulation* poétique, nous ont donc paru mériter une attention particulière; nous croyons qu'elles doivent être jugées en vue de la pure vérité et de la pure beauté, conséquemment en dehors des traditions factices et conventionnelles comme des modes littéraires qui changent d'une époque à l'autre. Toute théorie sur ce sujet peut être discutée à deux points de vue : au point de vue scientifique, d'après les principes sur lesquels elle repose; au point de vue empirique, d'après les résultats qu'elle produit. Nous ne pouvons traiter ici les problèmes de métrique scientifique, ce qui nous entraînerait trop loin. Nous comptons y consacrer plus tard un travail spécial. Il est toutefois une question soulevée par certaines écoles contemporaines et qui mériterait l'examen. Selon quelques poètes de notre époque, la rime est tout dans le vers; c'est à elle seule que le versificateur doit s'attacher : « la rime fournit l'idée »; quant à la mesure, elle n'est qu'une sorte de complément de la rime. Il en résulte de nouvelles servitudes, plus ou moins compensées par des libertés nouvelles. Pour ne parler que de ces dernières, le poète peut dans l'alexandrin placer la césure « après n'importe quel pied du vers. » — Au contraire, selon une théorie vraiment scientifique, le vers

français, comme toute espèce de vers, consiste avant tout dans le nombre, le rythme et la cadence. La rime, quoique indispensable pour marquer le rythme même, est l'élément secondaire et emprunte au rythme son prix. Sans doute le vers blanc ne peut se suffire à lui-même ; néanmoins c'est encore un vers, et on en sent l'harmonie : au milieu de la prose, il attire l'attention comme un chant plus ou moins voilé. Au contraire, des mots juxta-posés sans césure et sans rythme régulier, comme certains vers qu'on propose de nos jours, sont de la prose, malgré le retour pério-dique d'une rime suffisante et même riche. Voici une suite de vers blancs dont chacun est tiré d'Alfred de Musset :

> Je voudrais m'en tenir à l'antique sagesse,
> Qui du sobre Épicure a fait un demi-dieu.
> Je ne puis : malgré moi l'infini me tourmente ;
> Je n'y saurais songer sans crainte et sans espoir :
> Une immense espérance a traversé la terre ;
> Malgré nous vers le ciel il faut lever les yeux.

L'harmonie de ces vers subsiste encore, quoique assurément très affaiblie.

Maintenant, imaginons des vers rimés, sans césure régulière, et d'une coupe plus ou moins analogue à ceux qu'on essaie aujourd'hui d'introduire :

> Tant que mon cœur faible et plein encor de jeunesse,
> N'aura pas à ses illusions dit adieu,
> Je ne pourrai m'en tenir à cette sagesse
> Qui du sobre Épicure fit un demi-dieu.

Toute musique et tout nombre ont disparu. La rime, au lieu de charmer l'oreille, la choque plutôt, comme il arrive dans la prose. D'après ce simple exemple, nous pouvons déjà conclure : 1º que le vers existe, au moins à l'état embryonnaire, dès qu'il y a mesure et, pour l'alexandrin, césure ; 2º que la rime ne crée pas le vers, qu'elle le complète seulement, et que l'oreille est plus exigeante au sujet de la mesure qu'au sujet de la rime. — C'est ce que nous espérons mettre mieux en lumière, ainsi que plusieurs autres points selon nous importants, dans une étude spéciale sur la poésie et ses rapports avec la science.

VERS

D'UN PHILOSOPHE

Servus Apollo.

Quel est donc ce caprice étrange, ô ma pensée,

De quitter tout à coup les grands chemins ouverts

Et de venir ainsi, palpitante et froissée,

      T'enfermer dans un vers ?

D'où vient qu'en chaque mot je cherche une harmonie ?

Je ne sais quelle voix a chanté dans mon cœur ;

C'est comme une caresse, et mon oreille épie

      Et s'emplit de douceur.

Ce rythme qui m'enivre est pourtant une entrave :

Je ne me sens plus libre et fier comme autrefois. —

Apollon exilé, dans les ronces des bois,

    Marchait pieds nus, esclave;

En chantant, l'œil levé vers l'Olympe irrité,

Il allait ; à travers la campagne déserte

Ses sauvages troupeaux fuyaient dans l'herbe verte

    Sous le soleil d'été,

Et lui, le front baigné des clartés éternelles,

Il fallait qu'il suivît leurs traces sur le sol ;

Qu'à chacun de ses pas il repliât ses ailes

    L'enlevant dans leur vol :

Tel le poète va, captif du vers sauvage.

Parfois son œil se trouble, il entend, oppressé,

Son cœur battre à grands coups comme un oiseau blessé

    Bat de l'aile sa cage.

Hélas ! il ne tient point de lyre dans ses mains.

Sa lyre, c'est ce cœur qui vibre au vent des choses

Et ne peut contenir ni ses battements vains,

  Ni ses chansons écloses.

Il ne s'appartient plus, il chante, il pleure, il rit

Sans pouvoir s'empêcher de pleurer ou de rire :

Le mouvant univers dans son âme en délire

  Tout entier retentit.

Le savant, lui, n'a point de ces troubles ; tranquille,

Ignorant le pouvoir du vers, ce grand charmeur,

Il règne en souverain sur son esprit docile,

  Il est maître en son cœur.

Son cerveau seul aux bruits confus du monde vibre ;

Il laisse en son œil froid tout rayon pénétrer ;

S'il ne sait pas chanter, du moins, joyeux et libre,

  Il n'a point à pleurer.

Moi, je vous ai perdus et parfois vous regrette,

O calme du savant, sereine liberté ;

Je suis cet être ailé dont parle Juliette,

      Par un fil arrêté.

D'un trouble vague et doux mon âme est envahie ;

Je ressemble à l'amant qui sent son cœur s'ouvrir

Et, voyant tout à coup la chaîne qui le lie,

      A peur de l'avenir.

Pourquoi craindre, après tout ? Pourquoi le bien suprême

Serait-il de n'avoir ici-bas nul lien ?

Moi, je me sens plus libre auprès d'un cœur que j'aime

      Et qui répond au mien.

Serais-je donc moins libre avec toi, Poésie,

Si je m'abandonnais sur ton sein sans retour ? —

Une chose ressemble à ta douce harmonie :

      Je crois que c'est l'amour.

LIVRE PREMIER

LA PENSÉE

VOYAGE DE RECHERCHE

Lorsque j'étais enfant, je rêvais de voyages,
De radieux départs au plus lointain des mers,
Et sous mon œil songeur passaient de doux rivages
Flottant sur l'océan dans la brume des airs.

J'aurais voulu marcher, agir, semer ma vie
A pleines mains, heureux de lutter, de souffrir,
Dépensant largement la troublante énergie
Qu'en mon cœur je sentais avec mon sang courir.

Et c'est alors qu'un jour s'ouvrit devant ma vue
Un horizon plus doux et plus fuyant encor
Que ces bords indécis d'une terre inconnue,
Où parfois m'emportait mon rêve en son essor.

J'avais cru voir briller la vérité lointaine,
Et, sentant un espoir infini dans mon cœur,
J'oubliai désormais toute pensée humaine
Pour suivre dans la nuit sa divine lueur.

J'ai marché bien longtemps : l'éternelle promesse
Me souriait toujours du fond du ciel serein,
Et j'allais : sur mon front pâlissait ma jeunesse ;
Parfois ma tête en feu retombait dans ma main.

Mais avec la douleur croissait mon espérance :
« Souffrir, c'est mériter, » disais-je, et sans effroi
Sur mon corps épuisé j'appelais la souffrance :
Vérité, je voulais être digne de toi !

Les jours se sont passés. J'ai vécu dans mon rêve.

L'horizon, si riant d'abord, s'est assombri ;

Je n'ai plus cette ardeur, cette foi qui soulève ;

Je suis las : l'espoir même en mon cœur s'est flétri

Que me reste-t-il donc ? Des sphères traversées

Rapporté-je une branche arrachée, un débris,

Une fleur où mon œil s'attache, où mes pensées

Retrouvent un rayon des jours évanouis ?

Non, nulle certitude où l'âme se repose :

Les grands cieux ont gardé leur silence sacré.

— Mais du sombre infini j'ai senti quelque chose

Entrer en le blessant dans mon cœur enivré.

ILLUSION FÉCONDE

Pise, place du Dôme.

J'apercevais de loin l'enfant : elle était rose
De plaisir, attentive et berçant quelque chose
Dans ses bras arrondis d'un geste maternel.
Sa main se faisait douce en y touchant ; courbée,
Et dans son jeu muet tout entière absorbée,
Elle ne voyait rien : je parlai, mon appel
Ne la fit pas sortir de sa pose de mère.
Elle me regarda d'un air très sérieux,

Leva son tablier et, l'amour dans les yeux,

Découvrit son trésor. — Quoi donc? Son petit frère,

Me direz-vous, son chat ou sa poupée? — Hélas!

C'est cher, une poupée, et l'enfant n'en a pas.

Ce que je lui voyais presser sur sa poitrine

Et, pensive, perdue en sa joie enfantine,

Caresser du regard et de la main, c'était —

Un pauvre brin de bois, informe : il imitait,

Pour son œil attendri transformant la nature,

L'être cher que plus tard porteraient ses genoux.

« Il dort, » se disait-elle, et la femme future

S'éveillait dans l'enfant.

                        O penseurs, qui de nous

Ne berce aussi tout bas dans son âme enivrée

Quelque chimère informe et pourtant adorée,

Quelque rêve naïf réchauffé sur son sein?

Illusion féconde, illusion sacrée,

Mère des grands espoirs et des efforts sans fin,

Viens, en le ranimant, tromper le cœur humain!

Habite en nous, soutiens nos forces défaillantes :

Nous avons tant besoin de ton aide ici-bas,

Où la déception suit chacun de nos pas !

C'est toi qui rends pour nous les luttes souriantes,

Les sacrifices doux ; sans toi, l'on ne sait pas

Quel silence en nos cœurs se ferait, quelle flamme

S'éteindrait tout à coup en nous, et si notre âme

Ne verrait point tomber et mourir tous ses dieux.

Quand, lasse de lutter, la volonté chancelle,

Tu sais la relever en lui montrant les cieux

Et l'emporter, légère, au hasard de ton aile.

C'est avec toi qu'est fait l'espoir, le gai désir,

Qui se pose sur nous et, comme l'hirondelle,

Sans jamais nous rester sait toujours revenir.

Divinité nouvelle, illusion bénie,

Ne me fuis donc jamais, jette au loin dans ma vie

L'erreur, comme un rayon d'où jaillira l'espoir.

Cesser de se tromper, ce ne serait plus vivre :

Pour pouvoir quelque chose, il faut toujours vouloir

Plus qu'on ne peut ; il faut se leurrer et poursuivre

Ce qu'on n'atteindra pas, pour saisir en passant

Quelque autre objet placé par hasard sur la route.

Pour faire un pas, il faut vouloir en faire cent.

L'échec est la moyenne et la règle. Je doute

Que ce soir j'écrirais sur ce papier ces vers,

Si je savais combien dans le grand univers

Ils tiendront peu de place, et comme la pensée

Avec amour par moi dans ces lignes versée

Germera mal au cœur indifférent d'autrui.

Je travaille pourtant, je noircis cette page

Au hasard : qui fait donc ma force et mon courage,

Et quel lointain espoir devant mes yeux a lui ?

Si, près de moi, passait en ce moment un sage,

Il rirait comme hier j'ai ri de cette enfant

Qui sur son cœur berçait son hochet en rêvant.

Ainsi qu'elle, un instinct inconnu me maîtrise ;

La nature à mon œil crédule se déguise ;

Tout ce qui tombe en moi s'y réfracte, je vois

Se déformer soudain tout ce que je perçois.

Mon cœur profond ressemble à ces voûtes d'église

Où le moindre bruit s'enfle en une immense voix.

L'erreur de toutes parts m'enveloppe, m'enserre :

Vouloir, illusion ! aimer, illusion !

Rien d'absolument vrai : cette simple action

De fixer un objet le grossit et l'altère.

Regarder, c'est déjà ne plus bien voir ; du moins,

C'est cesser de tout voir : projeter la lumière

Sur un point, c'est voiler, trahir les autres points.

Nous vivons enfermés dans notre étroite sphère,

Elle nous semble tout, nous y sommes heureux :

Où meurt notre horizon semblent mourir les cieux.

Qui remue un fétu, croit soulever un monde.

Si dans l'humanité le dévouement abonde,

Si toujours toute cause a trouvé des héros,

Si chaque homme ici-bas travaille sans repos

Pour quelque chère idée éclose dans son âme,

C'est qu'il la transfigure : il puise son bonheur,

Il trempe et rajeunit sa force dans l'erreur.

Le prix d'un but s'accroît des efforts qu'il réclame :

Plus il coûte à toucher, plus nous l'en estimons.

Nous donnons de notre âme à ce que nous aimons,

Et c'est cette parcelle à notre cœur ravie

Qui, s'attachant à tout, rend tout digne d'envie.

Nous refaisons le monde avec nos sentiments,

Nous prêtons aux objets nos propres mouvements,

Nous parons de nos traits la nature impassible.

C'est ainsi que la vie ici-bas est possible ;

Si le monde à lui-même un jour se dévoilait,

Il serait effrayé de se voir tel qu'il est,

Il voudrait se mirer dans le regard des hommes,

De nos illusions vêtir sa nudité :

L'idéal n'est-il pas, sur la terre où nous sommes,

Plus fécond et plus beau que la réalité ?

Le réel fait effort en vain et se tourmente

Pour atteindre l'idée et la fixer en soi ;

Il la poursuit, rempli d'une naïve foi,

Et toujours sous son œil l'éternelle fuyante

S'échappe et, tournoyant, se perd au firmament.

Chaque progrès, au fond, est un avortement,

Mais l'échec même sert ; l'homme au hasard s'agite,

Comme d'un aiguillon par l'erreur excité,

Mais ce qui le déçoit au genre humain profite :

De nos illusions se fait la vérité.

Chaque homme, pris à part, est le jouet d'un rêve,

Et cependant ce rêve un jour surgit réel ;

L'œuvre que j'ai manquée un jour sans moi s'achève ;

Las, épuisé, je tombe au moment où se lève

L'aube que j'appelais en vain du fond du ciel.

Mais à ce moment même un autre homme révèle

Plus loin vers l'orient une aurore nouvelle

Qui fait pâlir la mienne et voile son rayon.

Nos soleils tour à tour meurent sur l'horizon :

Ils n'ont paru brillants qu'à leur aube première.

Mais qu'importe, après tout ? O mouvante lumière,

Tu nous donnes la force en donnant ta clarté !

Si jamais de nous fuir ton aurore n'est lasse,

Si le but devant nous recule et se déplace,

Infatigable aussi dans sa fécondité

Sera l'espoir humain épris de sa chimère ;

Ce qui fait la grandeur de notre pâle terre,

Globe éteint au hasard dans les cieux emporté,

C'est qu'elle est le seul coin du monde où l'on espère.

L'ÉCLAT DE RIRE

Nice.

Un jardin, presque un bois, monte aux flancs du coteau
Où se dressaient jadis les murs du vieux château.
D'un côté le jardin, de l'autre un cimetière ;
Un seul mur les sépare, et la même lumière
Fait resplendir la feuille inquiète du bois,
Les blancs marbres des morts et les rigides croix.

J'allais sans but, les yeux perdus dans la feuillée,
Aspirant le printemps ; dans l'ombre de l'allée

Une femme marchait à pas lents devant moi ;

Ses pieds tremblaient un peu, je ne savais pourquoi,

Car je ne la voyais que de loin, par derrière.

Tout d'un coup un frisson l'agita tout entière :

Elle paraissait rire, — un rire sec, nerveux.

Surpris, je me hâtai dans le chemin ombreux.

Elle riait toujours, durement, par saccades ;

Comme elle, tout d'ailleurs semblait gai ; des roulades

Tombaient des caroubiers et des longs cyprès droits.

Pour rire, elle cachait sa tête dans ses doigts.

Quand j'approchai, je vis, légères et limpides,

Des larmes qui coulaient entre ses doigts humides...

Car c'était un sanglot que ce rire sans fin,

Et cette femme, errante au fond du doux jardin,

Sortait du cimetière.

Une larme qui tremble,

Un sanglot qui de loin, pour l'oreille, ressemble

Au rire, et rien de plus, — voilà donc la douleur !

C'est tout ce qu'on peut voir lorsque se brise un cœur !

C'est le signe fuyant qui, pour un jour à peine,

Révèle l'infini d'une souffrance humaine.

Les plaisirs les plus doux, les maux les plus amers

S'expriment par le même ébranlement des nerfs,

Que l'air indifférent propage dans l'espace :

Cri de joie ou d'angoisse, il éclate, — il s'efface

Et, sans être compris, glisse sur l'univers.

La femme se perdit sous les caroubiers verts ;

Elle pleurait encor. Cette douleur vivante,

Comprimée en ce cœur, m'emplissait d'épouvante.

Éternellement seuls, quoique toujours voisins,

Je mesurais combien sont sourds les cœurs humains.

Nul ne la comprenait, — pas même moi peut-être...

Quand je l'eus vue au loin, dans l'ombre, disparaître,

Je me sentis si seul, si perdu sous les cieux,

Qu'à mon tour il me vint des larmes dans les yeux.

L'IDÉE

Forme lumineuse et flottante
Qui souris et passes en moi,
Être ailé, dont l'aile est fuyante,
Mobile idée, arrête-toi.

Indécise ainsi qu'une aurore,
En mon sein je te sens surgir.
Qu'es-tu? je ne sais pas encore...
Je t'attends comme l'avenir.

Jusqu'où ta lumière féconde
Va-t-elle ouvrir l'obscurité ?
Peut-être tu portes un monde ;
Peut-être es-tu la Vérité !

De crainte et d'espoir tout ensemble
Devant toi je me sens pâlir.
Quel sera ton secret ? Je tremble
En essayant de te saisir.

Tout mon être vit et palpite
En ce regard intérieur...
Oh ! pourquoi t'envoler si vite
Et t'évanouir pour mon cœur ?

Toi qui hantes toute âme humaine,
Les humbles fronts comme les grands,
Fais-toi moins pâle et moins lointaine
Pour les regards les plus aimants !

A ceux qui t'ont donné leur vie,

Ne mesure pas ta clarté.

Reste, que je me rassasie

De ta décevante beauté !

Ne fuis pas, idée immortelle !....

Heureux qui peut te retenir

Et, se suspendant à ton aile,

Se laisser emporter par elle

Au plus profond de l'avenir !

LA PENSÉE ET LA NATURE

Plage de Guétary (près Saint-Jean de Luz).

Vêtements retroussés, dans l'eau jusqu'aux chevilles,

Ivres de liberté, d'air pur, garçons et filles

Ont pris pour compagnon de leurs jeux l'Océan.

Ils attendent le flot qui vient, et d'un élan,

Avec des cris aigus de joie et d'épouvante,

Se sauvent devant lui ; mais la vague, vivante,

S'élance en bondissant, bouillonne derrière eux,

Les atteint, — et ce sont de grands rires heureux

Quand la bande, un instant par l'eau folle cernée,

La voit fuir en laissant une blanche traînée.

Tandis que ces enfants, avec leurs cris d'oiseaux,

Leurs gambades, faisaient un jouet de ses flots,

Le grand Océan gris, envahissant ses plages,

Montait. D'en haut sur lui s'abaissaient les nuages,

Et son infinité se perdait dans la nuit.

Mais de sa profondeur ignorée, à grand bruit,

Les flots sortaient toujours, émergeant de la brume ;

Ils s'enflaient, puis soudain s'écroulaient en écume,

Couvrant de leurs débris la crête des îlots.

Sans cesse ils arrivaient, plus pressés et plus hauts,

Attirés par la force invisible, éternelle,

Qui du fond des cieux clairs ou sombres les appelle

Et les fait se lever, ainsi qu'au firmament

Se lève vers le soir chaque soleil dormant.

Pendant ce temps, au bord, les enfants sur le sable

Jouaient, insoucieux du gouffre inépuisable,

Et, jetant un frais rire à son immensité,

Ne voyaient que le bout de son flot argenté.

Moi, je les regardais : — Frêles êtres que l'onde

Poursuit, et sur qui vient tout l'Océan qui gronde,

Enfants au court regard, que vous nous ressemblez !

Comme vous, la Nature aux horizons voilés

Dans les plis tournoyants de ses flots nous enlace.

Pendant ce temps notre œil s'amuse à sa surface :

Nous comptons ses couleurs changeantes aux regards ;

Nous jouons à ces jeux que nous nommons nos arts,

Nos sciences, — croyant la Nature soumise,

Lorsqu'en nos doigts demeure un peu d'écume prise

A l'abîme éternel qui gronde dans la nuit !

Toute la profondeur de l'univers nous fuit,

Et sans rien pénétrer nos yeux tremblants effleurent.

Tout glisse à nos regards, comme ces flots qui meurent

Et rentrent tour à tour dans le gouffre mouvant.

La pensée, en ce monde, est un hochet d'enfant ;

Dans l'aveugle univers elle naît par surprise,

Brille, et surnage un peu sur le flot qui se brise.

— Fleur de clarté, légère écume des flots sourds,

Vain jouet, malgré tout nous t'aimerons toujours,

Et moi-même, oubliant l'Océan qui se lève,

J'irai voir frissonner ta blancheur sur la grève...

LE MÉLÈZE

Comme le gai mélèze, au premier soir d'hiver,

Frissonnant tout à coup, sent son feuillage vert

Le fuir et sur le sol tomber vivant encore :

L'arbre est nu tout entier à la prochaine aurore ;

C'est ainsi qu'en un jour, de mon cœur étonné,

J'ai vu se détacher mes premières croyances

Et mourir à mes pieds toutes mes espérances ;

Et je me suis trouvé nu, seul, abandonné,

Sous les grands cieux déserts, sous le vent déchaîné.

Mais comme l'arbre, encor debout, monte intrépide,

Soulevé dans l'azur d'un élan éternel,

Tel j'ai continué de regarder le ciel,

　　Même en le croyant vide.

LE VERTIGE DES CHOSES

COUCHER DE SOLEIL

Venise, octobre 1879.

Le soleil, au couchant, enveloppait Venise
D'un long manteau de pourpre : ainsi le Titien
Drape la blonde enfant d'un vieux patricien.
Le grand canal roulait des flots d'or sous la brise.

J'étais sur le clocher de Saint-Marc, et l'église
Brillait, parée en l'air comme un temple païen.
La cité, libre et fière, en sa lagune assise,
Tendait son front au chaud soleil italien.

Au loin, blanchis déjà sous les neiges d'automne,

Les monts s'arrondissaient autour d'elle en couronne.

— Plus pâle, le soleil commençait à baisser,

Et je croyais sentir, au sein des mers profondes,

La ville, ses palais et ses coupoles rondes,

Et la tour, et moi-même, avec lui s'enfoncer.

SOLIDARITÉ

A M. ALFRED F.

Environs de Biarritz.

Nous montions un chemin. Les chênes effeuillés
Tendaient au vent du nord leurs grands bras dépouillés.
Dans l'air sifflait encore un reste de tempête,
Et les nuages fous couraient sur notre tête
Comme de gros oiseaux emportés dans leur vol.
Nous allions devant nous, las, courbés vers le sol,
Portant avec effort notre tête affaissée
Au sourd et douloureux travail de la pensée.

Devant nos yeux, au loin, se dressait le chemin,
Apre comme la vie, et comme elle sans fin ;
Et nous montions toujours.

                   De la nue entr'ouverte
Tout à coup un rayon tomba sur les hauteurs,
Éclairant devant nous la campagne déserte :
Il sembla qu'il était tombé dans nos deux cœurs.
Combien en peu de temps un même frisson passe
De la nature à nous, des choses à l'esprit !
A nos yeux tout changea, tout chanta, tout sourit ;
Nous sentîmes en nous je ne sais quelle grâce
Se glisser : par la nue entr'ouverte on eût dit
Que s'étaient envolés le souci, la souffrance.
Je me trouvai plus fort et par l'espoir grandi,
Et je me demandai : « Quelle étrange puissance
Nous tient donc dans sa main ? un rayon de soleil
Peut donc changer un cœur ! et la pensée humaine,
Emportée au hasard où le monde la mène,
Ne s'appartient donc pas ! Notre esprit est pareil

A ces arbres tremblants que la brise balance

Et qui ne savent rien que se pencher au vent.

Je ne puis même pas, tant mon cœur est mouvant,

Y fixer un instant la joie ou la souffrance.

Je ne suis même pas le maître de mes pleurs !

Oui, pour que de mes yeux une larme jaillisse,

Pour que naisse un sourire, il faut que le caprice

Des choses y consente ; il faut qu'à mes douleurs,

A ma joie, il se trouve au sein du vaste monde

Une larme muette, un rayon qui réponde. »

J'étais presque indigné de me sentir si peu

Et de ne pas pouvoir m'enfermer en moi-même,

Seul avec ma pensée et libre comme un dieu.

Puis je me dis : — Pourquoi cet orgueil ? Un poème

Éternel se déroule et vit dans l'univers.

J'y suis une syllabe, un mot, pas même un vers ;

Qu'importe, si je trouve un charme qui m'enivre

Dans le rythme divin où je suis emporté ?

4

Vibrant avec le Tout, que me sert de poursuivre

Ce mot si doux au cœur et si cher : Liberté?

J'en préfère encore un ; c'est : Solidarité.

Un concours, un concert, telle est en moi la vie.

Il est beau de sentir dans l'immense harmonie

Les êtres étonnés frémir à l'unisson,

Comme on voit s'agiter dans un même rayon

Des atomes dorés par la même lumière.

Je ne m'appartiens pas, car chaque être n'est rien

Sans tous, rien par lui seul ; mais la nature entière

Résonne dans chaque être, et sur son vaste sein

Nous sommes tous unis, égaux et solidaires.

Je crois sentir la rose éclore dans mon cœur,

Avec le papillon je crois baiser la fleur.

Il n'est peut-être pas de peines solitaires,

D'égoïstes plaisirs ; tout se lie et se tient.

La peine et le plaisir courent d'un être à l'autre,

Et le vôtre est le mien, et le mien est le vôtre,

Et je veux que le vôtre à vous tous soit le mien !

Que mon bonheur soit fait avec celui du monde,

Et que je porte enfin dans mon cœur dilaté,

— En dût-il se briser, — toute l'humanité !

Une joie ici-bas est d'autant plus profonde

Qu'elle est plus large : un jour, je le crois, doit venir

Où nul ne pourra seul ni jouir ni souffrir,

Où tout se mêlera, plaisirs, peines, pensées,

Où chantera dans l'âme un éternel écho.

Tous les hommes alors, de leurs mains enlacées,

Formeront une chaîne immense où chaque anneau,

Palpitant et vivant, ne pourra sans secousse

Voir un autre frappé : la souffrance s'émousse

Lorsqu'elle unit les cœurs comme fait un aimant

Et les soulève tous d'un même battement ;

Ainsi que la pitié la douleur devient douce.

Élargissons-nous donc ; laissons nos cœurs ouverts

A tout tressaillement de ce vaste univers.

Demandons notre part de toutes les souffrances

Dont le poids fait frémir les êtres révoltés ;

Demandons notre part des lointaines clartés

Qui se lèvent sur eux comme des espérances.

Faisant tomber enfin cet obstacle éternel,

Le *moi*, — réfléchissons en nous toute lumière

Qui monte de la terre ou qui descend du ciel :

Soyons l'œil transparent de la nature entière.

LA DOUCE MORT

I

Sur une feuille posée
Par la Nuit dans son sommeil,
Une goutte de rosée
Se trouvait loin du soleil.

« Oh ! que ne puis-je, embrasée
Par quelque rayon vermeil,
Pauvre goutte méprisée,
Voir le jour à son réveil ! »

Se dérobant à l'ombrage,

Elle sort du doux feuillage :

Le soleil luit à ses yeux ;

Elle meurt à sa lumière

Et monte, vapeur légère,

Dans un rayon vers les cieux.

II

Moi, comme la goutte frêle,

Ce fragile diamant,

O lumière, je t'appelle :

Sors du profond firmament.

Lassé de l'ombre éternelle,

Ton doux éblouissement

M'attire : à mon cœur aimant

Que ta splendeur étincelle !

Mes dieux, ma religion,

C'est toi ! Sous ton plein rayon,

Vérité, je me hasarde.

Le vrai, je sais, fait souffrir :

Voir, c'est peut-être mourir.

Qu'importe ? ô mon œil, regarde !

ÉTOILES FILANTES

Bordighera.

C'était dans une nuit d'été.

Le ciel splendide était en fête,

Et l'immense azur velouté

S'approfondissait sur ma tête.

Innombrables, devant mes yeux

Éclataient des lueurs fuyantes :

Le ciel doux et silencieux

Etait plein d'étoiles mourantes.

Toutes, passant comme l'éclair,

Glissaient en tremblantes fusées :

Puis, dans la profondeur de l'air,

Elles se dispersaient, brisées.

Sans fin ces astres flamboyants,

Débris de sphères inconnues,

Comme des oiseaux défaillants,

Tombaient blessés du fond des nues.

— Et, troublé, je croyais parfois

Entendre au loin un sourd murmure,

Un appel, d'indécises voix

S'éteignant dans la nuit obscure.

Les cieux semblaient incendiés

Par ces embrasements sans nombre.

Seule la terre, sous mes pieds,

Demeurait impassible et sombre.

Elle allait dans l'azur serein,

Sans voir ces astres en poussière

Qui se rallumaient sur son sein

Et qui mouraient de leur lumière.

Et, triste sans savoir pourquoi,

Comptant chaque étoile dissoute,

Je songeais, tandis que sous moi

La terre accomplissait sa route :

— Épaves d'un autre horizon,

Astres aux fugitives flammes,

Les légendes avaient raison

Et vous ressemblez à nos âmes ;

Étoile d'un jour comme vous,

Notre pensée est voyageuse :

Les cieux inconnus lui sont doux,

Elle y plane au loin, radieuse.

Et celui qui la voit briller

La croit puissante et souveraine ;

Pourtant, dans son cours régulier,

C'est l'immense Tout qui l'entraîne ;

Elle le suit sans le savoir,

Et ne peut rien dans la Nature

Qu'éclairer un peu le ciel noir

Où notre monde s'aventure.

Tout d'un coup elle disparaît...

La nuit plus sombre recommence,

La terre, sans un temps d'arrêt,

S'enfonce dans l'espace immense.

Quand donc ta fragile clarté,

O pensée humaine, étincelle

Qui passes dans l'immensité,

Sur les cieux se fixera-t-elle ?

Je ne sais : dans le ciel toujours

Les pâles étoiles défaillent ;

La terre suit son même cours,

Les hommes impuissants travaillent.

Même l'espoir ne change pas.

L'œil là-haut, on attend encore...

Va, mon âme, et perds-toi là-bas

Dans ce ciel profond qui dévore !

LA TÂCHE DU PHILOSOPHE

Saint-Étienne.

Six heures ont sonné : la journée est finie...
Peuple des travailleurs, que ce moment est doux !
Quels cris et quelle joie à cette heure bénie
Où des noirs ateliers vous vous envolez tous !

A l'air libre des cieux votre âme est rajeunie,
La peine est oubliée et le travail absous ;
L'homme gagne en chantant quelque auberge jaunie,
Les fillettes s'en vont bras dessus bras dessous.

Tous pensent (les heureux!) : « Ma tâche est terminée! »

— Seul, n'aurai-je jamais achevé ma journée,

Longue comme ma vie et le désir humain ?

Toujours l'idée en moi, renaissante, tressaille ;

Malgré moi, jour et nuit, mon cerveau les travaille

Dans un enfantement douloureux et sans fin.

LE PROBLÈME D'HAMLET

En jouant j'avais pris la pointe longue et fine

D'un compas ; curieux, — pour voir, — sur ma poitrine

J'appuyai doucement le bout frais de l'acier.

J'avais quinze ans ; j'étais encore un écolier.

J'éprouvais je ne sais quel trouble plein de charme

En écoutant mon cœur palpiter sous cette arme

Et presser, inquiet, ses tressaillements doux :

Ici la mort planant, et la vie en dessous.

Tiède et jeune.

— « Mourir, pensais-je, c'est connaître.

Si je voulais pourtant ?... L'au-delà, le peut-être,

Tout l'immense inconnu que je pressens parfois,

Ne pourrais-je, en pressant ce fer du bout des doigts,

Le conquérir ? Pourquoi l'étrange patience

Qui nous fait reculer l'heure de la science ?

La vie, au fond, ne vaut que par ce qu'elle attend,

Et tire tout son prix du désir irritant :

Ce qui la justifie est ce qui la tourmente.

Eh bien, pourquoi ne pas raccourcir cette attente ?...

« Tous, cramponnés au bord d'un abîme, anxieux,

Nous passons notre vie à le sonder des yeux.

Chassant du pied le bord, si moi, plus intrépide,

En un suprême élan je plongeais dans le vide ?...

Je verrais, je saurais, et le profond secret

Qui m'échappe vivant, la mort me le dirait.

Oh ! savoir, être sûr ! tout est là. » — Ces pensées,

Qui jaillissaient en moi confuses et pressées,

Me faisaient tressaillir d'angoisse et de bonheur.

Un désir infini s'éveillait dans mon cœur,

Un désir de la mort, qui clôt l'incertitude,

Tranche en un jour le doute, et qui, de sa main rude,

Nous ouvre l'horizon ou le ferme à jamais.

La mort ! j'en avais faim et soif, et je l'aimais ;

Puis, soudain, je me dis : — « Qui sait si la mort même

Est sincère, sans voile, et résout tout problème ?

Quand vivre, c'est chercher, trouverai-je en mourant ?

Le mystère éternel n'est-il pas aussi grand

Pour ceux qui sont couchés ou debout ? Suis-je maître,

Même en touchant du doigt la mort, de la connaître ?

Si la mort n'allait point être la Vérité,

Le doux apaisement de toute anxiété ?

Si derrière elle encor la fuyante Nature

Replaçait l'inconnu, rouvrait la conjecture ?

Nul pourra-t-il jamais aller au fond de rien,

Dire : Voici le vrai, le faux, le mal, le bien ?

Tout n'est-il point aveugle? et, s'il est, Dieu lui-même
Perce-t-il jusqu'au fond le mystère suprême?... »

Je me levai, pensif, et pour mieux secoûer
Ces rêves, je courus dans le jardin jouer.

MOMENTS DE FOI

I

EN LISANT KANT

Καλὸς κίνδυνος
PLATON.

« Oui, j'entrevois le but et la raison du monde,

Où se mêlent pour nous dans une nuit profonde

Bien et mal, joie et peine, erreur et vérité :

La Nature fatale offre à la Liberté

Un problème; ici-bas le doute est une épreuve :

L'homme en face du mal doit décider, sans preuve,

Malgré l'obscurité qui lui voile le ciel,

Si l'idéal n'est pas plus vrai que le réel ! »

1871.

II

EN LISANT FICHTE

« Penser, aimer, vouloir, seule réalité !

La matière est un mot, et notre volonté

Ne doit dans l'univers rien voir qu'une ombre vaine,

Une création de la pensée humaine.

Lors même que le moi s'oppose l'univers,

S'y voit emprisonné, touche du doigt ses fers,

Il se trompe, il est libre, et rien n'est nécessaire.

Mon cœur seul est plus grand que le ciel et la terre ;

Mes chaînes, je les fais ; toute fatalité

Est l'œuvre de moi-même et de ma liberté.

Paraît-elle sur moi remporter la victoire,

J'en triomphe toujours en refusant d'y croire !

Je suis libre, après tout, de croire ou de douter :

Ma pensée est un temple, on n'y peut habiter

Sans mon consentement ; reste-moi toute pure,

Liberté ! je crois plus en moi qu'en la Nature. »

1871.

LE DEVOIR DU DOUTE

Je ne suis pas de ceux qui peuvent oublier,
Qu'un instant de bonheur fait sourire et fait croire
Quand l'indignation les avait fait nier.
Tous les maux que j'ai vus restent dans ma mémoire ;
Je pleure encor mes morts comme le premier jour ;
Les cris de désespoir qui m'ont frappé l'oreille
Vibrent encore en moi, sans que nul mot d'amour,
Nul murmure enivrant du printemps qui s'éveille,

Étouffe cette voix et fasse dans mon cœur
Chanter l'insouciance où pleura la douleur.

Heureux le cœur mobile où tout glisse et s'efface,
Dont le blasphème tourne en action de grâce,
Qui change à son insu, comme les prés plus verts
Et les bois plus riants après les longs hivers !
La bénédiction, pour les têtes légères,
Lorsqu'elles ont maudit, est un soulagement.
N'est-ce pas les guérir qu'oublier nos misères ?
Quel bonheur de céder au doux emportement
De la sève qui monte et, fermant toute plaie,
Au retour du printemps nous fait un cœur nouveau !
Un long doute, labeur de la pensée, effraie ;
Les deuils longtemps portés pèsent comme un fardeau.
Quand tout s'épanouit autour de nous sur terre,
Nòtre cœur plus léger veut aussi rajeunir ;
Il nous prend des besoins infinis de bénir,
Et d'elle-même, au bruit calmant de la prière,
La souffrance s'endort : on croit et l'on espère...

Moi, j'aime mieux le doute et son anxiété.

Il suffit d'un seul cri d'appel aux cieux jeté

Et qui se soit perdu dans l'infini silence :

Le doute restera dans mon cœur révolté,

Aussi long qu'ici-bas est longue la souffrance.

1880.

QUESTION

Supprimer Dieu, serait-ce amoindrir l'univers?

Les cieux sont-ils moins doux pour qui les croit déserts?

Si les astres, traçant en l'air leur courbe immense,

M'emportent au hasard dans l'espace inconnu,

Si j'ignore où je vais et d'où je suis venu,

Si je souffre et meurs seul, du moins dans ma souffrance

Je me dis : — Nul ne sait, nul n'a voulu mes maux ;

S'il est des malheureux, il n'est pas de bourreaux,

6.

Et c'est innocemment que la nature tue.

Je vous absous, soleil, espaces, ciel profond,

Étoiles qui glissez, palpitant dans la nue !...

Ces grands êtres muets ne savent ce qu'ils font.

LE TEMPS

Menton.

I

LE PASSE

Nous ne pouvons penser le temps sans en souffrir.

En se sentant durer, l'homme se sent mourir :

Ce mal est ignoré de la nature entière.

L'œil fixé sur le sol, dans un flot de poussière,

Je vois passer là-bas, en troupe, de grands bœufs ;

Sans jamais retourner leurs têtes en arrière,

Ils s'en vont à pas lourds, souffrants, non malheureux :

Ils n'aperçoivent pas la longue ligne blanche

De la route fuyant devant eux, derrière eux,

Sans fin, et dans leur front qui sous le fouet se penche

Nul reflet du passé n'éclaire l'avenir.

Tout se mêle pour eux. Parfois je les envie :

Ils ne connaissent point l'anxieux souvenir,

Et vivent sourdement, en ignorant la vie.

L'autre jour j'ai revu la petite maison

Que jadis j'habitai là-haut sur la colline,

Avec la grande mer au loin pour horizon.

J'y suis monté gaiment : toujours on s'imagine

Qu'on aura du plaisir à troubler le passé,

A le faire sortir, étonné, de la brume.

Puis, pensais-je, mon cœur ici n'a rien laissé :

J'ai vécu, voilà tout, j'ai souffert, j'ai pensé,

Tandis que, devant moi, l'éternelle amertume

De la mer frémissante ondoyait sous les cieux.

Je ne portais, caché dans mon sein, d'autre drame
Que celui de la vie : en saluant ces lieux,
Pourquoi donc se fondit soudain toute mon âme?...

C'était moi-même, hélas, moi que j'avais perdu.
Oh ! comme j'étais loin ! et quelle ombre montante
Déjà m'enveloppait, à demi descendu
Sous le lourd horizon de la vie accablante !

Des profondeurs en moi s'ouvraient à mon regard.
Vivre ! est-il donc au fond rien de plus implacable?
S'écouler sans savoir vers quel but, au hasard,
Se sentir maîtrisé par l'heure insaisissable !

Nous allons devant nous, comme des exilés,
Ne pouvant pas fouler deux fois la même place,
Goûter la même joie, et sans cesse appelés
Par l'horizon nouveau que nous ouvre l'espace.

Oh ! quand nous descendons au fond de notre cœur,

Combien de doux chemins à travers nos pensées,

De recoins parfumés où gazouillent en chœur

Les vivants souvenirs, voix des choses passées !

Comme nous voudrions, ne fût-ce qu'un moment,

Revenir en arrière et, frissonnants d'ivresse,

Parcourir de nouveau le méandre charmant

Que creuse en s'écoulant dans nos cœurs la jeunesse !

Mais non, notre passé se ferme pour toujours,

Je sens que je deviens étranger à ma vie ;

Lorsque je dis encor : — mes plaisirs, mes amours,

Mes douleurs, — puis-je ainsi parler sans ironie ?

Que d'impuissance éclate en ce mot tout humain :

Se souvenir ! — se voir lentement disparaître,

Sentir vibrer toujours comme l'écho lointain

D'une vie à laquelle on ne peut plus renaître !

Tout ce monde déjà perdu que j'ai peuplé

Avec mon âme même au hasard dispersée,

Avec l'espoir joyeux de mon cœur envolé,

En vain j'y veux encore attacher ma pensée :

Tout par degrés s'altère en ce mouvant tableau.

Je m'échappe à moi-même ! avec effort je tente

De renouer les fils de ce doux écheveau

Qui fut ma vie ; hélas ! je sens ma main tremblante

Se perdre en ce passé que je voulais fouiller.

Quand, après un long temps, je revois le visage

Des amis qui venaient s'asseoir près du foyer,

Je m'étonne : mon âme hésite et se partage

Entre ses souvenirs et la réalité.

Je les reconnais bien, et pourtant je me trouve

Inquiet auprès d'eux, presque désenchanté ;

Peut-être éprouvent-ils aussi ce que j'éprouve :

Tous, en nous retrouvant, nous nous cherchons encor ;

Entre nous est venu se placer tout un monde ;

Nous appelons en vain le cher passé qui dort,

Nous attendons, naïfs, qu'il s'éveille et réponde ;

Lui, sous le temps qui monte à jamais submergé,

Il reste pâle et mort ; tout est encor le même,

Je crois, autour de nous ; en nous tout est changé :

Notre réunion semble un adieu suprême.

II

L'AVENIR

Un matin je partis, seul, pour gravir un mont.

La nuit voilait encor la montagne sereine,

Mais on sentait venir le jour; pour prendre haleine,

Je retournai la tête : un gouffre si profond

Se creusa sous mes pieds, dans l'ombre plus limpide,

Qu'une angoisse me prit, et, dompté par l'effroi,

Sentant battre mon cœur au vertige du vide,

Je restais à sonder le gouffre ouvert sous moi.

Enfin, avec effort, je relevai la tête.

Partout le roc à pic pendait comme un mur noir;

Mais là-haut, tout là-haut, lointain comme l'espoir,

Je vis dans le ciel pur monter le libre faîte.

Il semblait tressaillir au soleil matinal;

Portant à son côté son glacier de cristal,

Il se dressait rougi d'une aurore sublime.

Alors j'oubliai tout, l'âpre roc à gravir,

La fatigue, la nuit, le vertige, l'abîme

Au fond duquel, dormant comme le souvenir,

Un lac vert s'allongeait environné de glace :

— D'un élan, sans quitter la montagne des yeux,

Sentant revivre en moi la volonté tenace,

J'escaladai le roc, et je croyais, joyeux,

Voir ma force grandir en approchant des cieux.

Vide profond et sourd qu'en nos cœurs le temps laisse,

Abîme du passé, toi dont la vue oppresse

Et donne le vertige à qui t'ose sonder,

Je veux, pour retrouver ma force et ma jeunesse,

Loin de toi, le front haut, marcher et regarder !

Jours sombres ou joyeux, jeunes heures fanées,

Évanouissez-vous dans l'ombre des années :

Je ne pleurerai plus en vous voyant flétrir,

Et, laissant le passé fuir sous moi comme un rêve,

J'irai vers l'inconnu séduisant qui se lève,

Vers ce vague idéal qui point dans l'avenir,

Cime vierge, et que rien d'humain n'a pu ternir.

Je suivrai mon chemin, marchant où me convie

Ma vision lointaine, erreur ou vérité :

Tout ce que l'aube éclaire encore, a la beauté ;

L'avenir fait pour moi tout le prix de la vie.

Me semble-t-il si doux parce qu'il est très loin ?

Et lorsque je croirai, lumineuse espérance,

Te toucher de la main, ne te verrai-je point

Tomber et tout à coup te changer en souffrance ?

Je ne sais... C'est encor de quelque souvenir

Que me vient cette crainte en mon cœur renaissante :

Quelque déception d'autrefois m'épouvante,

Et d'après mon passé je juge l'avenir.

Oublions et marchons. L'homme, sur cette terre,

S'il n'oubliait jamais, pourrait-il espérer?

J'aime à sentir sur moi cet éternel mystère, —

L'avenir, — et sans peur je veux y pénétrer :

Le bonheur le plus doux est celui qu'on espère.

LIVRE DEUXIÈME

L'AMOUR

L'AMOUR ET L'ATOME

A M. ALFRED F.

Lorsque l'Amour ailé s'élança dans l'espace

Pour conquérir le monde entier d'un seul essor,

Il sentit dans l'éther, froissant ses ailes d'or,

Je ne sais quoi de dur, d'opaque et de tenace.

Surpris, il s'arrêta. L'atome impénétré,

Replié sur soi-même, opposait la matière

A l'Amour, et bravait, éternel solitaire,

Le dieu qui joint les cœurs de son lien sacré.

« Va-t'en ! lui disait-il. Ma poussière ténue

Echappe à ton pouvoir ; tout ce qui n'est pas moi,

Je l'écarte ; je suis la vivante paroi

Qui se ferme sur l'être et qui n'a point d'issue. »

L'Amour l'écouta, puis, divinement, sourit...

Tel que court un frisson ou s'élargit une onde,

Ce sourire infini, gagnant de monde en monde,

Courut, insaisissable et fort comme l'esprit.

Tout vibra, tout vécut, et dans l'atome même

Quelque chose passa du grand concert des cieux.

Car nul n'était plus seul ; le monde harmonieux

Avait une même âme, et tout y chantait : J'aime.

LA LÉGENDE DE ROQUEBRUNE

Roquebrune près Menton

Des oliviers tremblants, des vignes, des épis,
Les Alpes dans le fond, voilà le paysage.
A mi-côte, au soleil, les maisons du village
Se dressent sur le dos de grands rocs accroupis.

Pendus au flanc du mont, et comme dans l'attente,
Ces gigantesques blocs demeurent là, dormants.
Or, une nuit, dit-on, de sourds tressaillements
Les firent s'ébranler, hésitants, sur la pente;

Du haut en bas du mont passaient de longs frissons :

C'était comme un réveil de la montagne entière,

Et sur ses flancs mouvants on vit les blocs de pierre

Glisser en entraînant les murs et les maisons.

Attirés par l'abîme, ils descendaient en file,

Lentement ; dans les champs ils s'ouvraient des chemins ;

Leurs grondements profonds couvraient les cris humains,

Les clameurs du village effaré qui vacille.

Tout craque ; le clocher se penche dans les airs ;

C'est la mort : qui pourrait, sur le sol qui s'incline,

Retenir ces géants en marche ?...

                             Une racine

De genêt se trouvait sur la pente, en travers.

Elle s'avançait là comme une main tendue.

Vers elle, lourdement, glissait le premier bloc.

Il la touche, et soudain sous le monstrueux choc

Elle frémit, se tend et se tord éperdue.

Cramponnée et plongeant au fond du sol tremblant,

Elle ne rompit pas. Le haut rocher se penche,

Hésite, puis s'arrête, et toute l'avalanche

Derrière lui se tasse et s'appuie à son flanc.

N'importe : elle tient bon dans l'héroïque lutte,

Et les blocs, se poussant comme de lourds troupeaux,

L'un sur l'autre pressés, rentrent dans le repos :

La montagne s'était arrêtée en sa chute.

Le village est vivant, il s'agite ; des voix,

Des appels rassurés courent dans l'air limpide :

Tous sont sauvés, et seul, humble cariatide,

Le genêt écrasé porte l'immense poids.

Plante profonde, ô toi que rien ne déracine,

Salut !... — Ainsi vers nous, parfois, sur le chemin,

Se tend l'aimant secours de quelque douce main.

Croyez-moi, la plus forte est souvent la plus fine.

AU REFLET DU FOYER

Nice.

Une femme, debout au seuil de sa maison,

Attendait son mari les yeux sur l'horizon.

Sans doute un feu flambait dans l'âtre, car sur elle

Des reflets se posaient, perçant l'ombre du soir.

A ce jour du foyer, — blanche sous le ciel noir,

Toute droite, — elle était merveilleusement belle.

Pour la mieux regarder, sans bruit, je m'arrêtai,

Et je vis que ses traits étaient flétris par l'âge.

Il restait seulement sur son pâle visage

Ce sceau que laisse encore en fuyant la beauté.

Mais les rayons tombant du foyer domestique

La transformaient aux yeux, et je voyais encor

Surgir sous leurs reflets la vision magique

De sa jeune beauté ceinte d'un nimbe d'or.

Telle, — pensai-je alors, — m'apparaît cette femme,

Telle à celui qui l'aime elle apparaît toujours :

Sur elle il sent encore errer, comme une flamme,

Le reflet immortel de leurs premiers amours;

Il regarde ses traits à travers sa pensée...

Après tout, la beauté n'est que dans l'œil qui voit,

Et lorsqu'elle pâlit, c'est que l'amour décroît.

O jeunesse fragile et si vite froissée,

L'amour peut sur un front te retenir fixée !

Quand deux époux se sont bien longtemps adorés,

De leur passé chéri qui sur eux luit encore,

De leur jeunesse à deux, un rayon tombe et dore

Comme une aube sans fin leurs fronts transfigurés.

RONDE D'ENFANTS

Environs de Menton, 1876.

Pour tout musicien et pour tout instrument
Un vieux pâtre, une flûte, et la ronde commence. —
Je la vis se lever d'un bond, et lestement
Avec ses jeunes sœurs se mêler à la danse.

Svelte, cheveux au vent, dans un long tournoiement
Elle glissait, volant sans façon la cadence,
Rieuse, et son bonheur fait tout d'insouciance
Brillait dans ses yeux bleus et sur son front charmant.

Dans l'ombre autour de nous, vivantes étincelles,

Les lucioles d'or voltigeaient, et comme elles

Elle allait emportée en son élan joyeux.

Et moi, pâle, souffrant, perdu dans cette fête,

Je croyais voir de loin, courbant plus bas la tête,

Mon bonheur envolé qui fuyait sous mes yeux.

PRÈS ET LOIN

Sous une fenêtre.

Bello Sguardo, près Florence, 1879.

Quelle pensée ici m'amène,

   - Encor ce soir ?

Je sais bien que ma châtelaine

Est, porte close, en son manoir ;

Je sais que je ne puis la voir.

Quelle pensée ici m'amène,

   Encor ce soir ?

8.

Je suis au pied de sa fenêtre,

       Marchant sans bruit.

Là, tout près, elle dort peut-être,

Oubliant mon cœur qui poursuit

Son rêve, à deux pas, dans la nuit...

Je suis au pied de sa fenêtre,

       Marchant sans bruit.

Que ne puis-je avec une aubade

       La réveiller ?

Hélas ! notre siècle maussade

En médirait : sur l'oreiller

Ma blonde en paix peut sommeiller.

Je n'oserai point d'une aubade

       La réveiller.

Autrefois on chantait : — je t'aime ! —

       A tous les vents...

Il faut que je garde en moi-même,

Que je taise comme un blasphème

Ces deux mots pourtant bien fervents.

Beaux jours où l'on chantait : — je t'aime ! —

A tous les vents !

Là-bas ont passé sur la route

Deux amoureux.

—Dans le lointain du soir j'écoute

Mourir leur murmure joyeux.

Ils sont ensemble, ils sont heureux !

Là-bas ont passé sur la route

Deux amoureux.

Moi, seul, sous un grand arbre sombre,

Abandonné,

Je sens qu'une larme dans l'ombre

En mon œil trouble a frissonné,

Pleur d'amour au vent égrené...

Je reste seul sous l'arbre sombre,

Abandonné.

Que nous sommes loin l'un de l'autre,

   Étant si près !

Mon cœur bat à côté du vôtre :

Jusqu'à vous en vain je voudrais

Enfler ses battements muets.

Que nous sommes loin l'un de l'autre,

   Étant si près !

Vous n'aimez pas assez encore

   Pour en souffrir.

Enfant, dormez jusqu'à l'aurore

En paix, fermez sur l'avenir

Votre œil limpide et sans désir.

Vous n'aimez pas assez encore

   Pour en souffrir...

EXCURSION

Sur un vieux pont nous nous assîmes ;

Le ruisseau chantait au-dessous ;

Un vent frais balançait les cimes

Des oliviers penchés sur nous.

La course dans le val sauvage

Vous avait fait rougir le front ;

Je regardais votre visage,

Et vous la pointe du grand mont.

Nul bruit que la chanson perlée

Du rossignol ; nous étions seuls.

J'avais pour vous dans la vallée

Fait un bouquet de frais glaïeuls.

Votre œil bleu sur le paysage,

Le ciel et les arbres errait ;

Doucement à votre corsage

Mon bouquet oublié mourait.

Que songiez-vous, silencieuse ?

Deviniez-vous que bien souvent,

Ici, dans la vallée ombreuse,

J'étais venu, d'amour rêvant ?

A vous, sans vous connaître guères,

J'osais déjà, de loin, penser ;

Ces mêmes arbres centenaires,

Ces rocs gris me voyaient passer.

Je leur ai dit : « Je vous l'amène ;

Parlez-lui. » Vous ont-ils parlé ?

De mon cœur la vallée est pleine,

N'en a-t-elle rien révélé ?

O grande Nature sincère,

Si riche dans ta profondeur,

Verse en elle, avec ta lumière,

Tout l'amour vivant en mon cœur !

POUR LES NOCES D'ARGENT

DE DEUX AMANTS

L'amour grand et profond est certain de lui-même.
Toujours est plus qu'un mot pour lui : tout l'avenir,
L'inconnu de la vie, en un instant suprême,
En un éclair, a pu devant ses yeux s'ouvrir.

La femme même alors s'enhardit : sans frémir
Son cœur vient s'appuyer sur le cœur fort qui l'aime ;
Tous deux, malgré les lois des hommes, l'anathème
Des dieux, ils ont la sainte audace de s'unir.

9

Ils s'en vont, confiants et tendres, dans la vie.

En naissant leur amour se sentait immortel,

Fleur sauvage en leur cœur sincère épanouie.

Et pour eux l'avenir, profond comme le ciel,

Reste aussi clair. — Mon cœur, dis, n'es-tu pas capable

De te répandre un jour dans un amour semblable ?

LEVER D'ÉTOILES

Pensive, assise au bord de la fenêtre sombre,
Son œil aux longs regards rayonne seul dans l'ombre.
Sur sa tête s'étend sans fin le grand ciel pur.
Les étoiles des nuits se lèvent dans l'azur,
Et par-dessus son front sérieux qui se penche,
Chacune vient sans bruit se ranger, douce et blanche,
Essaim mystérieux dans son vol arrêté,
Qui d'en haut, palpitant, plane sur sa beauté.

POÉSIE ET RÉALITÉ

Paris.

Enfin la voici donc venue

Aujourd'hui près de moi s'asseoir ;

Ma douce et lointaine inconnue

M'a parlé, m'a souri ce soir.

Et j'ai dans ce jeune sourire

Vu s'entr'ouvrir ses fines dents ;

Dans son clair regard j'ai vu luire

La gaîté de ses dix-huit ans.

9.

Qu'est-ce donc que je cherche en elle ?

Où regarde mon œil distrait ?...

— Oh ! combien elle était plus belle,

Quand dans mon rêve elle passait !

Ma tendresse s'était posée

Comme une parure à son front,

Et dans l'ombre de ma pensée

Avait grandi son œil profond.

Évoquant tout bas son image,

En poète je la parais...

Est-ce là ce pâle visage

Qu'en mon cœur je transfigurais !

O charme lumineux et frêle

Qui t'es si vite évanoui,

Fraîche vision que rappelle

Vainement mon œil ébloui,

En te perdant toute mon âme

Se déchire : dans ma douleur,

Penché sur ce blanc front de femme

Où j'avais mis tant de douceur,

Je la vois sans la reconnaître,

Je la contemple avec effroi,

Je ne puis plus faire renaître

Sa beauté, qui n'était qu'en moi.

Et dans le trouble qui m'oppresse,

Je me dis que tout ici-bas

Nous trompe : seule, la tendresse

A la beauté qui ne ment pas.

Oh ! si sur ce front impassible

Un peu d'âme se faisait jour,

Elle redeviendrait visible

Cette beauté faite d'amour !

Non, tout semble vide en son âme :

Dans son long regard curieux

Jamais ne passera la flamme

Qui met un poème en deux yeux.

Ma bien-aimée, où donc est-elle ?

La retrouverai-je jamais ?

— Laissez-moi, vous n'êtes point celle

Que je voyais et que j'aimais.

VISAGES ET AMES

Je vois bien des charmants visages,
De grands yeux, parfois fort osés,
Et de petits yeux bleus très sages,
Au sol modestement baissés.

Je vois bien des rondes épaules,
Qui se découvrent sans regrets,
Des lèvres où deux mots frivoles
Font perler de doux rires frais.

Parfois même, lorsque je passe,

Tout bas, sans avoir l'air de rien,

Un coup d'œil me dit avec grâce :

« Je suis belle, savez-vous bien ? »

Comme on admire des statues,

Blanches sous la clarté des cieux,

Toutes ces formes entrevues

Peuplent ma mémoire et mes yeux.

Que vous manque-t-il donc, ô belles ?

Parfois, je vous en fais l'aveu,

Je me demande : Vivent-elles ?...

Hélas, elles pensent si peu !

Quel Pygmalion, de son âme,

Douces formes, vous animant,

Vous dira : Vivez, soyez femme

Au lieu d'être un jouet charmant !

Laissez là ces mines guindées :

Qu'on sente en vous courir le sang !

Ayez pour les grandes idées

Un sein qui batte, jeune et franc !

Tout ce qui dans vos cœurs s'implante,

Faute de sève, s'amoindrit :

La science devient pédante,

L'art se dessèche et se flétrit.

Vos croyances nous font sourire,

Car en priant vous blasphémez ;

Vos cœurs au vrai qui nous attire,

Comme vos temples, sont fermés.

Tout nous sépare dans la vie,

Tout nous désunit, sauf l'amour,

Chaîne qui nous blesse et nous lie

Sans nous rapprocher plus d'un jour.

Toi qu'on dit fort comme la flamme

Et la mort même, amour sacré,

Pourras-tu remplir de mon âme

La femme qu'un jour j'aimerai ?

Pourras-tu mêler nos pensées

Comme tu mêleras nos corps,

Et les emporter enlacées

Dans l'ivresse des grands essors ?

Par instants, oubliant la terre,

Nous envolerons-nous tous deux

Dans cet infini solitaire

Que nous peuplerons de nos dieux ?

O toi que j'aime, et que j'ignore,

Vers qui mes vers vont s'égarant,

De toi je ne sais rien encore,

Mais je te demande un cœur grand,

Un noble cœur auquel soit chère

Toute clarté venant d'en haut,

Droit comme un rayon de lumière,

Et comme lui vibrant et chaud !

ENCORE AU REFLET DU FOYER

Uriage, octobre 1879.

La porte était restée entr'ouverte : le feu
Faisait sur l'âtre noir courir un reflet bleu.
Déjà le soir tombait : attiré par la flamme,
Du dehors j'approchai, prêt à franchir le seuil ;
Sans façon je jetai dans la chambre un coup d'œil :
Le rude paysan était avec sa femme.

L'un près de l'autre assis, à côté du foyer,
Muets, ils écoutaient le bon feu pétiller.

L'homme, à figure franche, aux épaules d'athlète,

Portait la trace encor, sur son front découvert,

Des longs travaux du jour dans le grand champ désert ;

Une veine marbrait sa tempe, violette.

Il semblait presque triste, étonné d'être las ;

Tout d'un coup je le vis entourer des deux bras

Le cou blanc de sa femme, et puis, penchant la tête,

Il se laissa glisser doucement sur son sein.

Là, tranquille et caché comme un enfant câlin,

Bercé par le bruit sourd de la flamme inquiète,

— Tandis que l'ombre en paix descendait alentour, —

Il oubliait, dompté, le dur labeur du jour.

Mais elle, souriant, l'active ménagère

Qui pour quelque marmot voulait finir un bas,

Par scrupule de perdre un seul point, n'avait pas

Déposé son tricot et, d'une main légère,

Travaillait sur le front penché de son mari.

Arrêté près du seuil, je n'osais, attendri,

Faire fuir ce bonheur sacré d'un mot frivole :

Je voyais à mes yeux grandir ces deux époux :

Leurs cœurs, où je n'avais soupçonné rien de doux,

Avec les fleurs du soir s'ouvraient dans la nuit molle.

Confiants, et bien loin de se croire épiés,

Ils s'aimaient : je m'enfuis sur la pointe des pieds,

Me disant que parfois, sous la plus rude écorce,

Se cache un cœur aimant et doux comme mon cœur,

Et que tous ici-bas, — poète ou laboureur, —

C'est quelque amour profond d'où nous vient notre force.

AILE BRISÉE

Sur le ruisseau clair une blanche plume,
Rose un peu de sang, passe au gré du flot.
— Bout d'aile qui semble un flocon d'écume,
Brin neigeux, qui donc t'a perdu là-haut ?

Je ne sais : désert est l'azur limpide,
Le ciel rit ; pourquoi suis-je ainsi troublé ?
Quelque chose aussi s'est-il envolé
De mon cœur aimant où je sens un vide ?

La plume de neige a sur le courant

Disparu : fuyez, mes chères pensées,

Mes rêves d'amour, mon passé pleurant :

Vous êtes aussi mes ailes brisées.

LIVRE TROISIÈME

L'ART

L'ART ET LE MONDE

Menton, mai 1880.

Oh ! comme l'univers, sombre pour le penseur,

S'emplit parfois de joie aux regards du poète !

Les anciens le disaient : le monde est une fête.

Soyons-y gais ; qu'en moi l'universel bonheur

Entre et vienne étourdir ma pensée inquiète !

Sans chercher le pourquoi caché derrière tout,

Simple artiste, je veux admirer sans connaître ;

Je veux qu'en mes yeux seuls se concentre mon être :

Tel le peintre, pour qui l'univers se résout

En formes, en couleurs, et dont l'œil ne pénètre

Pas plus loin que l'écran où se meurt le rayon.

Quel bonheur d'effleurer, de jouir sans descendre

Au fond de son plaisir ! dans la création

Qui sait si l'être heureux n'est pas le papillon,

Amant de la beauté sans pouvoir la comprendre ?

La surface du monde est si douce au regard !

Tout, jusqu'à la douleur, y captive l'artiste :

Dans le grand drame auquel, palpitant, il assiste,

Les pleurs ne sont-ils pas un élément de l'art ?...

Que parlé-je de pleurs ? Aujourd'hui la lumière,

Ame de la gaîté, resplendit dans le ciel.

Il n'est plus rien de laid : la grâce printanière

Flotte sur chaque front, sourire universel.

Oh ! quel enivrement ! je sens de toute chose

Une douceur monter, qui m'attire, et je n'ose

Choisir, moi qui voudrais tout chanter à la fois.

Si j'admire une fleur, vite une autre m'appelle

Et, se penchant vers moi, dit : Suis-je donc moins belle?

Je me sens pris d'amour pour tout ce que je vois.

L'art, c'est de la tendresse. Un enfant qui sommeille

Par terre, confiant, la tête sur sa main ;

Une fille qui passe à travers le chemin,

Robuste, au cou d'athlète, à la lèvre vermeille,

Et porte allègrement l'écrasante corbeille

De citrons encor verts ; un oranger en fleurs,

Debout sous son feuillage émaillé de blancheurs ;

Les grands bois d'oliviers où, sous le ciel qui brûle,

Filtre un jour pâle et frais, doux comme un crépuscule ;

Un cactus épineux, au rigide maintien,

Qui semble me guetter d'en haut, comme un gardien ;

Un bon chien paysan qui suit de loin son maître,

M'aperçoit, se rapproche et vient sans me connaître

Me faire une caresse ; un âne sérieux,

Regardant de côté le fouet qui le surveille ;

Un cheval qui hennit, une fleur à l'oreille,

Et va caracolant, fier comme un amoureux

(On met des fleurs partout, ici, dans les crinières

Comme sur les seins blancs ou dans les noirs cheveux),

— Tous ces mille incidents des courses journalières,

Tous ces petits tableaux encadrés de soleil,

Me tiennent sous le charme ; et des heures entières

Je reste à regarder dans le couchant vermeil

Un grand eucalyptus élancé vers la nue,

Et qui, perdu là-haut, ruisselant de rayons,

Dresse sa longue cime, incessamment émue

Sous le souffle lointain d'une haleine inconnue

Qui fait trembler les cieux sans que nous la sentions.

LA BERCEUSE

Des cris partent là-bas du berceau qui s'agite ;

Elle accourt et, penchée au-dessus de l'enfant,

Lui chante un chant naïf et doux, aux mots sans suite,

Comme ces bruits lointains qui passent dans le vent.

Lui s'apaise à sa voix ; son cœur seul, qui palpite,

Se soulève, indécis, avec un faible effort,

Et sous la nuit qui vient, souriant, il s'endort.

Vous qui parfois, le soir, en enfants que vous êtes,

Vous plaignez de la vie et, vous tenant le cœur,

Éclatez en sanglots, c'est à nous, les poètes,

C'est à nous de bercer d'un chant votre douleur.

Nous nous penchons sur vous et, navrante ou joyeuse,

Notre voix vous répond comme un écho lointain.

O chanson du poète, éternelle berceuse,

Tel qu'un enfant qui souffre endors le genre humain ;

Enveloppant son cœur dans un oubli suprême,

Viens fermer sa paupière à la réalité.

L'art seul peut ici-bas, ainsi que la mort même,

Nous prendre tout entiers, et donner à qui l'aime

Le sourire immortel de sa sérénité.

SUR LES GROUPES DE MICHEL-ANGE

AU TOMBEAU DES MÉDICIS

On sait qu'à l'époque où Michel-Ange construisit le monument des Médicis, Florence, où subsistait le dernier gouvernement libre, venait d'être prise par les troupes réunies du pape Clément VII et de Charles-Quint ; les meilleurs citoyens avaient été tués ; la république était anéantie, et, pour empêcher tout soulèvement, Alexandre de Médicis faisait construire une forteresse dominant la ville. Michel-Ange, qui avait été l'un des chefs de la défense pendant le siège de onze mois, s'était vu longtemps traqué pour être mis à mort : le pape Clément ne lui avait fait grâce que dans un intérêt de famille, afin qu'il achevât la chapelle des Médicis.

I

L'AURORE

San Lorenzo (Florence).

Comme le jour paraît peser à sa paupière !

Sur son épaule tombe avec accablement

Sa tête, qu'elle avait inclinée en dormant :

On dirait qu'elle doute encor de la lumière.

— Tu souffres ? qu'as-tu donc ? quel penser inconnu

Fait courir un frisson d'horreur dans ton corps nu ?

Ton bras s'est soulevé, ta lèvre est entr'ouverte :

Que regardes-tu là de cet œil égaré,

Quel dégoût fait frémir ton cœur jeune et sacré ?

Vierge, lève les yeux : sur la campagne verte,

Sur les coteaux, là-bas, ne vois-tu pas trembler

Les premiers rayons blancs du jour qui veut paraître?

N'entends-tu pas le monde, anxieux, t'appeler

Et la vie en suspens demander à renaître ?

Verse partout la joie en versant ta clarté,

Chasse les visions de la nuit, douce aurore ;

Viens... Tu te tais ? Quel rêve affreux t'oppresse encore ?

— « Un rêve ? Non, hélas ! c'est la réalité

Qui m'épouvante et jette en mon cœur le vertige.

Je ne dors pas, je vois,—je souffre. Ah ! que ne puis-je,

Comme un rêve, chasser le réel de mes yeux !

Mais non, je ne puis rien que le montrer aux cieux.

Cette ville noyée en son sang, ces victimes,

Ces bourreaux, il faut donc que mon rayon doré

Fasse tout resplendir, et, complice des crimes,

Que j'étende sur eux le grand ciel azuré !

Crois-tu, dis, que je songe aux campagnes vermeilles,

Au flot pur des ruisseaux, aux grands monts innocents,

Lorsque d'en bas j'entends monter à mes oreilles

L'appel désespéré des justes impuissants ?

J'en ai pâli d'horreur, mon jeune front se plisse,

Ma joue en pleurs se creuse, et je sens ma beauté

Comme une fleur mourir quand se meurt la justice.

O mes rayons de flamme, ô ma chaste clarté,

Quand pénétrerez-vous les hommes jusqu'aux âmes !

Ainsi que vous chassez la nuit de tous les yeux,

Quand pourrez-vous chasser de tous les cœurs infâmes

La honte qui s'y plaît, le crime glorieux ?

Comment, en l'éclairant, purifier la terre ?

Mais non, quand mon rayon comme un trait le poursuit,

Le crime triomphant s'étale à ma lumière...

Oh ! de l'ombre, de l'ombre ! oh ! viens, profonde nuit.»

II

LE CRÉPUSCULE

En vain il a lutté, souffert ; tout l'abandonne.

Courbant son large front, laissant tomber ses bras,

Le héros terrassé sent, infiniment las,

Descendre dans son sein la nuit qui l'environne.

Brisé, mais non vaincu, son cœur roidi s'étonne

Que la vérité sainte et Dieu l'aient pu trahir.

Comme le ciel, pour lui s'est voilé l'avenir.

Il voudrait oublier, il ne peut ; ses pensées

Vont s'abîmant au loin dans les horreurs passées.

Quand l'espoir meurt, il reste, hélas ! le souvenir.

III

LA NUIT

> Grato m'è il dormir e più l'esser di sasso
> Mentrè che il danno e la vergogna dura;
> Non veder, non sentir m'è gran ventura:
> Però non destarmi; deh! parla basso.
> MICHEL-ANGE.

« Il m'est doux de dormir, plus doux d'être de pierre,

Tant que dure ici-bas l'opprobre et la misère ;

Ne rien voir ni sentir, quel bonheur ! Parle bas,

Oh ! ne m'éveille pas. »

IV

LE JOUR

Enfin la voici donc, l'écrasante lumière,

Le plein soleil, le jour foudroyant et vengeur !

Comme un géant, il va se lever sur la terre :

La colère est en lui ; c'est Hercule sauveur

Qui d'un souffle balaye, ainsi que la tempête,

Les monstres effrayés se courbant sous sa main.

Il s'éveille, superbe ; il a tourné la tête,

Tout son corps s'est enflé d'un effort surhumain,

Et, tendant comme un arc son épaule tordue,

Il menace.

      — Debout, peuples, c'est l'avenir,

Le jour de délivrance éclatant dans la nue !

Vous-mêmes, ô vaincus, vous l'avez fait surgir.

Votre indignation, courant comme la flamme,

Embrase enfin le ciel avec vous révolté ;

Dans ce jour qui paraît passe et revit votre âme,

Et de votre héroïsme est faite sa clarté.

LES ARÈNES DE FRÉJUS

A M. J.-B. M.

Au souffle du mistral le ciel étincelait.

Avec ses piliers noirs aux guirlandes de lierre,

Le vieux cirque endormi dans l'air se déroulait,

Entr'ouvrant sur l'azur ses arcades de pierre.

Au sommet d'un gradin croulant, dans la lumière,

Flottait un chêne vert doré d'un chaud reflet.

Un sauvage parfum d'herbe et de serpolet

A chacun de nos pas s'exhalait de la terre.

D'une maison tapie en bas, sous un arceau,

Une voix tout à coup s'éleva, douce et pleine,

Qui berçait un enfant, — un vrai fils de l'arène.

Et les grands murs penchés, émus d'un sourd écho,

Semblaient, seuls survivants d'une âpre race humaine,

S'arrondir sur l'enfant comme un vaste berceau.

LE MAL DU POÈTE

Falicon (près Nice).

Il ne me suffit pas d'être l'œil où se peint

Un seul jour l'univers muet, — et qui s'éteint.

Je voudrais te fixer, ô grande image obscure,

T'imprimer en autrui ! L'éternelle Nature

Me hante, me poursuit et déborde mes vers.

Je me sens trop petit pour l'immense univers :

Il m'effraie, il m'attire ; en mon âme obsédée

12.

S'agite tout un monde inquiet et charmant.

Sans cesse éclôt en moi quelque nouvelle idée,

Plus tentante, qui fait ma joie et mon tourment.

Je sens trop pour le dire, et pourtant le silence

M'oppresse comme un poids, et je me laisse aller

A suivre ces doux vers que j'entends m'appeler

Et dont vibre à mon cœur l'indécise cadence.

Tout ce qui naît en moi demande à s'envoler :

Comment garder l'idée ? Il en est de si belles

Que malgré nous nos cœurs s'entr'ouvrent devant elles

Pour leur livrer passage et les montrer au jour :

Celles que l'on conçoit, on les veut immortelles !

La pensée est en nous large comme l'amour

Et désire en autrui se verser sans relâche.

Ainsi que la vertu, l'art se sent généreux :

Lorsque je vois le beau, je voudrais être deux.

Dans cet enivrement je ne sais quoi se cache

D'infini, de trop grand pour un cœur isolé ;

Le partager s'impose à nous comme une tâche :

De ce désir profond bat notre sein troublé.

Mais alors, mesurant tout à coup sa faiblesse,

L'homme devant le beau se prend à soupirer ;

Sur son cœur trop étroit descend une tristesse :

Les hauts plaisirs sont ceux qui font presque pleurer.

MES VERS D'HIER SOIR

Vous qu'hier j'écrivis, qu'aujourd'hui j'ai relus,
Etes-vous donc si vieux, pauvres vers de la veille ?
Mon œil en vous lisant ne vous reconnaît plus.
Vous veniez de mon cœur, — et déjà mon oreille
Vous écoute en rêvant comme des inconnus.

O doux vers refroidis, ô fragile poème,
Quel charme fugitif est mort si vite en toi ?
Ou bien est-ce mon cœur qui ne bat plus de même,

Et toute ta fraîcheur venait-elle de moi ?

Comme on sent, dans un jour, s'écouler ce qu'on aime !

—Mais vous pour qui ces vers sont encor plus lointains,

Vous que séparent d'eux les longs jours et l'espace,

O lecteurs inconnus, comment ces vers empreints

De mon âme, en la vôtre auraient-ils laissé trace ?

Déjà vous les avez oubliés, je le crains…

Sans que rien dans vos seins à leur voix se réveille,

Ils ont glissé sur vous comme un vain bruit confus.

En ces vers cependant un cœur d'homme sommeille.

Vous qu'hier j'écrivis, qu'aujourd'hui j'ai relus,

Ma vie était en vous, pauvres vers de la veille.

LIVRE QUATRIÈME

LA NATURE ET L'HUMANITÉ

GENITRIX HOMINUMQUE DEUMQUE

Lorsque j'étais enfant, je crus entendre en rêve

Ma mère me parler : du moins c'étaient ses yeux,

Sa démarche, sa voix ; mais cette voix, plus brève,

Plus froide, avait perdu l'accent affectueux

Qui m'allait jusqu'à l'âme : était-ce bien ma mère?...

J'écoutais me parler cette voix étrangère,

Connue à mon oreille et nouvelle à mon cœur,

Et je me sentais pris d'une sorte d'horreur.

J'étais prêt à pleurer lorsque parut l'aurore :

Je m'éveillai ; ma mère était près de mon lit.

Mon œil chercha le sien, mais je doutais encore,

Et j'attendais qu'un mot de sa bouche sortît.

Enfin elle parla : son âme tout entière

Avec sa voix chantait. Je courus l'embrasser.

Dis-moi, Nature, ô toi notre éternelle mère,

Qui tour à tour nourris, sans jamais te lasser,

Les générations avides de sucer

Ton sein toujours fécond, toi dont on croit entendre

Sur les monts, sur les mers, dans les prés ou les bois,

Douce ou rude à nos cœurs parler la grande voix,

Dis, n'as-tu rien pour nous d'affectueux, de tendre ?

Tu sembles une mère et n'en as point l'accent ;

Quand tu ris, on ne sait si c'est une caresse ;

On hésite, à te voir, et pour toi l'on ressent

Un respect étonné mélangé de tristesse.

Nul cœur ne bat-il donc dans ton immensité ?

N'est-ce point de l'amour que ta fécondité ?

Lorsque tes chœurs d'oiseaux chantent sous tes feuillages,

Lorsque la jeune aurore apparaît dans ton ciel,

Quand renaît plus riant le printemps immortel,

Quand l'océan dompté vient lécher ses rivages,

Rien ne vibre-t-il donc en toi de maternel ?

Et les grands bruits confus, la symphonie austère,

Le long souffle qui sort de tes flancs frémissants,

Ne nous disent-ils rien et n'ont-ils point de sens ?

Nous vois-tu seulement ? sais-tu que sur la terre

Il est un être étrange auquel vivre et jouir

Ne suffiront jamais, qui veut aussi comprendre,

Dont l'âme a tressailli d'un immense désir,

Dont le cœur veut aimer, et qui cherche à te tendre

Ses deux bras, tout surpris de ne te point trouver ?

Cependant, ô Nature impassible et muette,

En se tournant vers toi le rêveur, le poète

Crut quelquefois sentir jusqu'à lui s'élever

Un accent de tendresse, une voix d'espérance,

Et l'homme confiant à l'homme a répété :

« Au fond de la nature est une providence ;

Espérons. » Depuis lors toute l'humanité

Passe ici-bas tranquille, oubliant sa misère,

Se couche vers le soir et s'endort au tombeau,

Comme un enfant auquel on a dit que sa mère

Reste la nuit penchée auprès de son berceau.

Si, secouant son rêve, un jour l'homme s'éveille,

Vers ses pas hésitants quelle main se tendra,

Et de l'immensité montant à son oreille,

Dans le tombeau profond quelle voix parlera ?

Te reconnaîtrons-nous, nature souriante

Des beaux jours de printemps, des parfums et des fleurs,

Ou bien es-tu vraiment la grande indifférente,

Étrangère à la joie, ignorante des pleurs,

Qui de la même main, nourrice mercenaire,

Nous berce tous, vivants ou morts, sur ses genoux ?

Lorsque nous sortirons du long sommeil de pierre,

Nous l'apprendrons enfin. — Mais en sortirons-nous ?

LE COMBAT UNIVERSEL

Un soir d'hiver à Biarritz, 1876.

I

Les tamaris tremblaient sous la bise du soir ;
L'ombre naissante et fraîche enveloppait la terre.
Près de nous mugissait l'éternelle colère
Des vagues : nous marchions dans la nuit sans les voir.

Biarritz, dans le lointain, se parait de lumière.
Coquettement penchée au bord du long flot noir,
Elle se regardait en ce profond miroir.
— Les lames sur nos fronts secouaient leur poussière.

A nos yeux le rayon du premier phare a lui ;

Brillant comme l'espoir et fuyant comme lui,

Il traîne sur les mers en deuil sa rouge aurore.

Pourtant le flot montait, pleurant dans les récifs ;

Nous marchions toujours, seuls, et nous sentions, pensifs,

Monter en nos deux cœurs un flot plus triste encore.

II

Toi dont l'étrange voix trouble comme un appel,

Dont l'âpre souffle enivre, et fait crier de joie

Là-haut, dans le ciel noir, les grands oiseaux de proie,

Océan, Océan, ô lutteur éternel,

Je crois voir dans ton flot qui sur le roc se broie

L'image du combat, du choc universel :

La nature, elle aussi, comme tes mers ondoie,

Allant on ne sait où, poussée aux vents du ciel !

D'en haut glisse parfois un rayon : le flot sombre

S'éclaire à son sommet, puis redescend dans l'ombre.

Tel, flot humain perdu dans l'immense univers,

Je monte vers le ciel et tombe ; ma pensée,

Par un reflet d'en haut un instant traversée,

Défaille et, se brisant, sombre en la nuit des mers.

EN ROUTE POUR LE MIDI

En chemin de fer, 1876.

Infinité de la lumière !
Ciel sombre à force d'être bleu,
Qui d'en haut répands sur la terre
Comme une tempête de feu,

Salut ! Ta clarté franche efface
La froide brume des soucis.
Toute pensée étroite ou basse
Naît des horizons raccourcis ;

Mais lorsque le grand jour éclate,

Tel que le vrai frappant nos yeux,

Notre cœur plus plein se dilate

Et s'élargit comme les cieux.

En avant ! je veux pour patrie

Cet immense horizon vermeil ;

Pour unique foyer j'envie

Un errant rayon de soleil.

EN PROVENCE

Environs de Toulon, 1876.

Le dos au soleil, ainsi qu'un lézard,

J'aime à me coucher sur la terre rouge.

De chaque brin d'herbe une chanson part.

Fuyant effarés pour peu que je bouge,

Mille insectes bruns sautent au hasard.

Le sol chaud paraît remuer et vivre ;

L'air transparent tremble et miroite aux yeux ;

La tête me tourne, et j'ai peine à suivre

Ma pensée au vol : comme le vin vieux,

En nous réchauffant le soleil enivre.

Oh ! que de clarté ! je sens sur mon front

Planer rayonnant le ciel sans une ombre.

Puis, à l'horizon, là-bas, tout au fond,

C'est l'immense mer dont l'azur plus sombre

Semble un autre ciel, encor plus profond.

LA MÉDITERRANÉE

Pont Saint-Louis (Menton).

Enfin je te revois : salut, mer au flot pur,

Souriante au soleil, dangereuse et charmante,

Ma préférée, ô toi qui sais rester d'azur

    Même dans la tourmente !

Je viens vers toi, lassé de l'Océan brumeux,

De sa plainte éternelle et de son flot sauvage ;

Que toute la gaîté vivante en ton rivage

    M'entre au cœur par les yeux !

J'ai soif de voir au vent se bercer les fleurs blanches

Des orangers semés sur tes coteaux brûlants,

De voir tes oliviers, géants de deux mille ans,

Courber vers toi leurs branches.

Lorsque du sol brisé les Alpes de granit

Jaillirent, à leurs pieds elles virent, surprises,

Miroiter au soleil ton azur qui frémit

Sous le souffle des brises,

Et depuis ce moment les grands monts sérieux,

Levant leurs sommets nus que la foudre déchire,

Arrêtés devant toi, du haut des vastes cieux

Te regardent sourire.

La montagne vieillit ; on sent du long hiver

Peser sur son front blanc et ridé la tristesse ;

Mais ne voyons-nous pas en toi bondir, ô mer,

L'invincible jeunesse ?

Sous les rames ainsi tremblaient tes flots mouvants

Quand les flottes des Grecs, fuyant des ports d'Athènes,

S'envolaient en essaim vers tes profondes plaines,

    Enflant leur aile aux vents.

Pour mieux te regarder, j'irai sur la colline,

Sur la colline abrupte, où, dans les vallons verts,

Le pâle citronnier vers le myrte s'incline,

    Penchant ses fruits amers.

De là je te contemple : inondé de lumière,

Ton horizon lointain se mêle avec les cieux ;

Je sens mon œil s'y perdre, et je t'admire, ô mère

    De Vénus aux yeux bleus.

Au sein des flots déserts on voit un point qui tremble ;

Ce sont des alcyons en troupe, blancs oiseaux ;

On dirait un seul corps lorsque, bercés ensemble,

    Ils dorment sur les eaux.

Soudain un bruit se fait, et la troupe s'égrène,

Effrayée et fuyant au plus profond des airs,

Et l'on voudrait comme eux monter à perdre haleine

Dans les cieux entr'ouverts.

Toi qui bornes le monde en nous ouvrant l'espace,

Toi qui suspends nos pas sans arrêter nos yeux,

C'est surtout sur tes bords que l'œil aime, envieux,

Suivre un oiseau qui passe.

Tu rends l'immensité si tentante qu'un jour,

Dit la fable, un enfant voulut d'un seul coup d'aile

Te franchir : ivre, il part ; son aile qui chancelle

L'emporte sans retour.

Il va : le vent des mers a rempli sa poitrine ;

Il voit devant ses yeux l'horizon s'élargir,

L'attirer en fuyant ; l'espace le fascine,

Grand comme son désir.

Il monte… il tombe, il meurt ! mais de sa longue ivresse

Quelque chose en nos cœurs, j'imagine, est resté :

Et c'est de là que vient, devant l'immensité,

    Ce trouble qui m'oppresse.

Je te dédaigne, ô terre à l'étroit horizon ;

Ta montagne au front dur me semble une muraille,

Dans tes noires forêts comme en une prison

    Mon cœur ailé défaille.

Ouvre-toi, mer : au loin je veux, audacieux,

Courir, comme au soleil courent tes flots de flamme,

Et le double infini de ton onde et des cieux

    N'est pas trop pour mon âme.

Qu'il est doux de pouvoir sans regret s'élancer,

D'être libre, de voir l'horizon vous sourire,

D'aller sans retourner la tête, et de se dire :

    Vivre, c'est avancer ! .

PAYSAGE D'AUVERGNE

1880.

Dans une brume bleue, à mes pieds, la Limagne
Se déroule, indécise et fuyante au regard.
— Le soleil, qui paraît derrière la montagne,
Ombre blanche, sourit à travers le brouillard.

Alors des peupliers, des toits rouges surgissent.
Flottent-ils, soulevés sur les flots d'une mer?,
Ils semblent des reflets capricieux, qui glissent,
Bercés dans le léger frémissement de l'air.

Cependant, par derrière, aux nuages mêlée,

La montagne se dresse et s'arrondit aux yeux,

Prolongement lointain de la plaine ondulée,

Qui s'enfle et d'un élan va mourir dans les cieux.

CLAIR DE LUNE

Nice, 1880.

Hier, par ma fenêtre entr'ouverte à la brune,

S'est glissé tout à coup un frais rayon de lune.

Doux comme une caresse, incertain et tremblant

Comme un premier regard d'amour, ce rayon blanc

Se posa sur ma main qui frémit, lumineuse.

Il était si charmant dans la nuit vaporeuse

Que je tremblais tout bas de le voir s'envoler ;

Mon cœur battait... je crus l'entendre me parler :

« Puisque je te suis doux, disait-il, ô poète,

Puisque ton cœur, et non ton œil seul me reflète,

Puisque tu me comprends, chante-moi, chante-moi !

Est-ce en vain que des cieux je suis venu vers toi,

Qu'en riant je me joue au sein du sombre espace

Et sous tes yeux, léger comme tes rêves, passe?...

Fixe-moi dans un vers, cet éternel miroir ! »

— « Mais, doux rayon, cent fois les poètes du soir,

L'œil tourné vers le point où blanchissait la nue,

Ont déjà vu descendre, impalpable et ténue,

Ta lumière divine ; ils t'ont chanté cent fois.

Comme une forme blanche et fuyant dans les bois

La Grèce t'adorait ; la brumeuse Angleterre,

L'Allemagne rêvant dans les soirs, te préfère

Au grand soleil de feu... laisse-moi, je ne puis

Recommencer si tard l'hymne de tant de nuits ! »

Ainsi je m'excusais. Mais toujours, fascinante,

La laiteuse clarté courait sur mes doigts : « Chante ! »

Me redisait la voix. « Quoi ! poète, as-tu peur

De chanter une fois de plus en mon honneur,

Alors que, chaque soir, là-haut je recommence

Mon immortel sourire au fond du ciel immense

Et répète pour toi ma joie et ma clarté ?

Non, ton chant doit durer autant que ma beauté ! »

Tandis que j'écoutais cette voix me poursuivre,

Des vers naissaient en moi ; les voici, je les livre.

Les beaux soirs, ici-bas, sont bien vieux ; seul mon cœur

Est jeune, et se remplit de toute leur douceur.

LE RÉMOULEUR

Ravenne, décembre.

Près d'un sépulcre vide, au fond des champs déserts,

Dort Ravenne adossée à sa vieille muraille,

— Ville lasse de vivre et croulant dans les airs,

Où l'homme, malgré tout, lutte encore et travaille.

Le matin, sur la place, à ma porte, aussitôt

Que la ville s'éveille, un rémouleur s'installe

Auprès d'un réverbère encore fumant et chaud,

Dont s'est éteinte au jour la flamme triste et pâle.

15

Un enfant va quérir les couteaux, les ciseaux ;

Il frappe à chaque porte, et dans chaque ménage

Il fait une moisson : alors, courbant le dos,

L'homme, un grand vieillard blanc, commence son ouvrag

Tout le jour il travaille, et lorsque vient le soir,

Il n'a pas terminé ; la nuit tombe, la brume

L'enveloppe : il travaille encor sous le ciel noir.

— Le réverbère enfin, comme un éclair, s'allume.

Nouvelle aube, plus triste, au front las du vieillard,

Ce rayon qu'il attend glisse enfin et se joue.

Il se redresse un peu, respire, et sans retard

Recommence à tourner la monotone roue.

Dans le quartier désert on n'entend d'autre bruit

Que la pierre qui grince : au-dessus, d'une gourde,

Une goutte d'eau tombe, et sans fin, dans la nuit,

Sur le grès qu'elle mouille elle pend, larme sourde.

Depuis l'aube cette eau coule, comme le temps.

— Au fond, de vieilles tours dans la brume apparaissent.

Les hommes à leurs pieds, depuis dix-huit cents ans,

Travaillent ; sans les voir, sombres, elles se dressent.

Quand le dernier couteau sur le grès s'est poli,

L'homme s'en va, gagnant son taudis en silence ;

Le cercle du travail jusqu'au bout est rempli :

Maintenant, lève-toi, jour, pour qu'il recommence !

DANS UNE MINE

Frappe hardiment et brise la pierre,

    O pic, frappe fort !

L'étincelle éclate et, rouge lumière,

Du roc déchiré dans l'ombre elle sort.

Frappe hardiment et brise mon âme,

    Vibrante douleur !

Souffrir, c'est connaître, et d'une âpre flamme

Ton déchirement éclaire mon cœur.

LA GUERRE

Voici déjà dix ans ! Oh ! vous rappelez-vous

Ces brumeux jours d'hiver, ces longs jours de souffrance

Où semblait sans espoir sombrer autour de nous

Tout ce que nous aimions : la Justice et la France ?

Sans cesse sur nos cœurs les nouvelles tombaient

Comme des coups de hache... — Encore une bataille !

Encore une défaite ! — Et nos fronts se courbaient,

Pâles, sous ce ciel gris d'où pleuvait la mitraille.

J'étais presque un enfant; je voyais nos soldats

Partir en longue file et se perdre là-bas

Dans ce sombre horizon où fondaient les armées,

Et comprimant mon cœur de mes mains désarmées,

J'écoutais dans le vent le bruit sourd des combats.

Alors une pensée, ainsi qu'une prière,

Me revenait, toujours la même, au fond du cœur :

« Que cette guerre soit la fin de toute guerre!

France, ô dernier martyr, puisse à force d'horreur

Ton supplice héroïque épouvanter les hommes! »

Dix ans! — je ne sais plus, à cette heure où nous sommes,

S'il faut rire ou pleurer de ce vœu d'un enfant...

Puis-je espérer qu'un jour l'avenir l'accomplisse?

Longtemps reste en nos cœurs, aux guerres survivant,

La haine : l'injustice appelle l'injustice;

Triste fécondité, le mal produit le mal!

Quel siècle mettra fin à ce cycle fatal?

Renonçant à saisir la dernière victoire,

Quel peuple élargira l'horizon de l'histoire?

Je ne sais, mais mon cœur d'avance t'a béni,

Peuple grand, par lequel la guerre aura fini !

Je travaille pour toi, je prends en main ta cause,

Je t'aime, toi sur qui notre avenir repose,

Qui pour devise auras : justice et liberté,

Car tu portes en toi, peuple, l'Humanité !

LA MUSELIÈRE

Berlin, *unter den Linden.*

Sous les tilleuls, tenant quelque chose à la bouche,
Un chien passait : c'était un gros dogue farouche ;
Il eût pu d'un seul coup de dent briser ma main...
Il suivait pas à pas, doucement, un bambin, —
L'œil brillant, le cou droit, nous montrant dans sa pose
Combien il était fier de porter quelque chose,
Quoique en somme il eût mieux aimé ne rien porter.
Du reste, notre chien, tout prêt à résister,

Montrait ses larges dents si quelqu'un faisait mine,

Tenté par son trésor, d'approcher en sourdine.

Quel était donc ce cher fardeau ? devinez-vous ?...

C'était sa muselière !

            O bons chiens, forts et doux,

Longtemps habitués à suivre un maître en laisse,

— O peuples, — vous aussi, certains jours on vous laisse

Porter libres et fiers votre chaîne à vos dents,

Et vous vous alarmez, hérissés et grondants,

Si quelque ami s'approche et cherche à vous la prendre.

Ne mettez pas autant d'ardeur à la défendre ;

Croyez-moi, laissez-vous alléger de bon cœur :

Vous aurez à bénir plus tard votre voleur.

Vieilles lois, vieux abus, préjugés militaires,

Lourds impôts, ce sont là, peuple, tes muselières,

Et ce fardeau te semble à toi-même sacré !...

Desserre un peu les dents, tu seras délivré.

RECONNAISSANCE

Rome, 1879.

C'était au beau pays aimé de la lumière,

Où fleurissent les arts... et la mendicité.

Je montais fort tranquille un chemin écarté,

Quand j'ouïs de grands cris qui sortaient de la terre.

Un enfant, en jouant, s'était précipité

Dans un trou, — trou fort noir; — le pire en cette affaire,

C'est qu'il était réduit à l'immobilité,

Ayant entre deux blocs la jambe prisonnière...

16

Ne pouvant plus bouger, vous pensez s'il criait.

J'accours, et sur l'enfant je me penche, inquiet ;

A grand'peine je vins à bout du sauvetage.

J'attendais pour partir le merci du bambin.

Mais lui, changeant soudain de ton et de visage :

« Un sou ! » me cria-t-il en allongeant la main.

L'ORIGINE DES RELIGIONS

1878.

Quand la première tombe eut entr'ouvert la terre

Comme un germe au printemps entr'ouvre le sillon,

L'homme s'agenouilla, pensif, près de la pierre

Où gisait dans la nuit son ancien compagnon.

« Tu dors, lui disait-il ; pour ton réveil j'apporte

Le blé d'or, les fruits doux, la chair qui réconforte.

Pense à nous en rouvrant dans l'ombre tes grands yeux.

Parfois, quand le couchant rougi se décolore

Et que le soir profond s'abaisse sur les cieux,

J'ai cru te voir glisser dans l'air, vivant encore.

Ta voix sourde a passé, mêlée au vent des nuits.

Toi qui hantes mon cœur, m'obsèdes et me fuis,

Je t'invoque. J'ai faim, j'ai soif, j'ai froid, je plie

Au poids de la misère : étends vers moi la main ;

Il faut que la mort vienne au secours de la vie ;

Retourne-toi vers moi comme un ami lointain !

Sois mon dieu maintenant, ô toi qui fus mon frère ;

Du fond de ton sommeil, ouvre aux vivants tes bras ! »

Ainsi sur un tombeau, comme un chant funéraire,

Comme un appel, monta la première prière. —

Mais le tombeau muet ne lui répondit pas.

LA SOURCE

Fiesole, 1879.

Un mince filet d'eau tombait de la fontaine.

Tête nue au soleil, accoudée au rocher,

Une enfant, attendant que sa cruche fût pleine,

Écoutait gravement l'eau lente s'épancher.

A pas traînants les bœufs revenaient de la plaine,

Et le soleil du soir empourprait le clocher.

Je voyais la fillette, épiant, se pencher

Sur le vase de grès où l'eau montait à peine.

16.

Le jet limpide, au vent qui passe s'émiettant,

Frais et léger, tombait dans le vase en chantant

— Comme ce filet grêle, écoule-toi, ma vie ;

Je sens ton flot mouvant qui glisse et monte en moi,

Et parfois, pour savoir si la coupe est remplie,

Tranquille et curieux, je me penche sur toi.

LE LUXE

Il rentra vers le soir; il tenait la parure
Qu'elle avait le matin demandée : à son bras
Il mit le bracelet, et dans sa chevelure
L'aigrette de saphir pâle, aux reflets lilas.

L'œil de la jeune femme, agrandi par la joie,
Riait, saphir plus chaud dans l'ombre étincelant;
Elle-même, entr'ouvrant son corsage de soie,
Attacha le collier de perles de Ceylan.

Elle se regardait dans la glace embellie,

Changeait de pose, — et puis c'étaient de petits cris...

Elle touchait du doigt l'écrin. « Quelle folie! »

Dit-elle, et son œil fier en demandait le prix.

Car, dans ces choses-là, c'est au prix qu'on mesure

La beauté. Lui, distrait, se taisait. Du chemin,

Par la fenêtre ouverte, arrrivait le murmure

De la ville en travail et de l'essaim humain.

Des hommes, haletants, dans la nuit d'une forge

S'agitaient; des maçons, oscillant dans les airs,

Gravissaient une échelle. — Et toujours, à sa gorge,

Les perles miroitaient comme le flot des mers.

Lui, de la main, montra, courbé sous une pierre,

Un homme qui montait en ployant les genoux :

— « Vois! il travaillera pendant sa vie entière,

Chaque jour, sans gagner le prix de tes bijoux. »

Elle rougit d'orgueil. Elle en était plus belle,

Souriant sous l'aigrette aux tremblantes lueurs ;

Et vraiment pouvait-on, pour ce sourire d'elle,

Semer à pleines mains trop d'or et de sueurs?

Un caprice d'enfant la prit dans la soirée :

Elle ne voulait plus quitter ses bracelets

Ni son collier : dans l'ombre, encor toute parée,

Elle s'endormit, rose, à leurs mourants reflets.

— Lors elle fut bercée en un étrange rêve :

Tous ces joyaux de feu vivaient, et sur son sein

Les perles s'agitaient comme aux flots de la grève,

Et le bracelet d'or se tordait à sa main.

Puis, soudain, vers leur sombre et lointaine patrie,

Elle se vit d'un vol emportée avec eux.

Ce fut d'abord, au loin, la blanche Sibérie :

Sous le knout travaillaient, saignants, des malheureux.

Leurs doigts meurtris avaient déterré quelque chose,

Et c'était le saphir dans ses cheveux riant...

Puis, tout changea : la mer, sous un ciel clair et rose,

Roulait ses flots tout pleins du soleil d'Orient.

Un homme se pencha sur les eaux purpurines :

La mer tremblait, profonde; il y plongea d'un bond.

Quand on le retira, le sang de ses narines

Jaillissait; dans l'air pur il râlait, moribond :

Alors elle aperçut, en ses deux mains pendantes,

Les perles du collier qui sur son cou flottaient...

Puis tout se confondit, les flots aux voix grondantes,

Et les râles humains qui vers le ciel montaient.

Elle n'entendit plus qu'un seul et grand murmure,

Le cri d'un peuple entier, pauvre et manquant de pain,

Qui, pour rassasier des désirs sans mesure,

Dans un labeur aveugle usait sa vie en vain.

« Si du moins nous pouvions ensemencer la terre,

Produire en travaillant, voir nos sueurs germer!

Mais notre effort stérile agrandit la misère,

Car, au lieu de nourrir, il ne peut qu'affamer.

« Maudit soit ce travail qui, semblable à la flamme,

Dévore notre vie et la disperse au vent;

Maudit ce luxe vain, ces caprices de femme

Toujours prêts à payer sa vie à qui la vend! »

Cette clameur sortait de poitrines sans nombre.

Elle s'éveilla, pâle, et de ses doigts lassés

Dégrafant son collier, le regarda dans l'ombre

Et crut y voir briller des pleurs cristallisés.

SPINOZA

LA HAINE ET L'AMOUR

« On ne peut plus haïr l'être qu'on a compris :

Je tâche donc toujours d'aller au fond des âmes.

Nous nous ressemblons tant ! je retrouve, surpris,

Un peu du bien que j'aime au cœur des plus infâmes

Et quelque chose d'eux jusqu'en mon dur mépris.

Aussi je n'ose plus mépriser rien : la haine

N'a même pas chez moi laissé place au dédain;

Rien n'est vil sous les cieux, car il n'est rien de vain.

17

Le mal, s'il peut encor produire en moi la peine,

Éveille en me blessant ma curiosité;

Le présent a pour moi cette sérénité

Que le passé répand sur toute chose humaine.

Le présent, en effet, le passé, tout se vaut

Pour qui cherche ici-bas, non les faits, mais les causes,

Et l'esprit clair qui sait regarder d'assez haut

Dans un même lointain voit reculer les choses.

En ce calme j'ai cru découvrir le bonheur.

Parfois, pourtant, s'éveille un doute dans mon cœur.

Celui qui comprend tout et n'accuse personne,

Celui qui ne hait point, pourra-t-il bien aimer?

L'amour, comme la haine, échappe à qui raisonne;

L'amour craint la clarté : pour que le cœur se donne,

Qui sait si l'œil d'abord ne doit pas se fermer? »

L'ANALYSE SPECTRALE

Quand il a fui la terre en un essor suprême,

Notre œil retrouve encor d'autres terres là-haut.

Partout à nos regards la nature est la même :

L'infini ne contient pour nous rien de nouveau.

Fleuve de lait roulant des mondes sur nos têtes,

Et vous, bleu Sirius, Cygne blanc, Orion,

Nous pouvons maintenant dire ce que vous êtes !

Nous avons dans la nuit saisi votre rayon.

Ce radieux frisson qui dans l'éther immense
Ondulait, et depuis mille ans tremblait aux cieux,
En arrivant à l'homme est devenu science,
Et par lui l'infini s'est ouvert pour nos yeux.

Hélas ! du fer, du zinc, du nickel et du cuivre,
Tout ce que nous foulons des pieds sur notre sol,
Voilà ce qu'on découvre en ce ciel où l'œil ivre
Croyait suivre des dieux lumineux dans leur vol !

Astres purs et légers dont la lueur bénie
Comme un regard divin descendait du ciel bleu,
Vous ne vivez donc point ! L'éternelle harmonie
N'est qu'un crépitement de grands brasiers en feu.

Nous aurions beau sonder la profondeur muette,
Nous envoler au loin dans son obscurité,
Qu'y découvririons-nous? L'univers se répète...
Qu'il est pauvre et stérile en son immensité !

Œil d'Isis, c'est donc toi, mystérieuse étoile

Où l'Égypte plaçait l'âme des bienheureux,

Sirius ! — La déesse a relevé son voile :

Une forge géante apparaît dans les cieux.

Et pourquoi ce labeur? pourquoi brûlent ces sphères,

Pourquoi d'autres, plus bas, corps engourdis et froids,

Dorment-elles, ouvrant toujours leurs noirs cratères,

D'où la lave et le feu jaillissaient autrefois?

Dans quel but prodiguer, Nature, en ton ciel triste

Ces astres renaissant pour mourir? — Sans repos

Dans le béant azur, ô naïve alchimiste,

Tu jettes à grands blocs les mêmes lourds métaux;

Du creuset de tes cieux que veux-tu donc qui sorte?

Pourquoi recommencer, — tous sur le même plan, —

Tes mondes, dont chacun l'un après l'autre avorte,

Se brise, et, noir débris, va dans la nuit roulant?

Depuis l'éternité, quel but peux-tu poursuivre?

S'il est un but, comment ne pas l'avoir atteint?

Qu'attend ton idéal, ô nature, pour vivre?

Ou, comme tes soleils, s'est-il lui-même éteint?

L'éternité n'a donc abouti qu'à ce monde!

La vaut-il? valons-nous, hommes, un tel effort?

Est-ce en nous que l'espoir de l'univers se fonde?...

Je pense, mais je souffre : en suis-je donc plus fort?

La pensée est douleur autant qu'elle est lumière;

Elle brûle : souvent, la nuit, avec effroi,

Je regarde briller dans l'azur chaque sphère

Que je ne sais quel feu dévore comme moi.

Si dans mon œil ouvert tout astre vient se peindre,

Et si jusqu'en mes pleurs se reflète le ciel,

D'une larme, comment, hélas! pourrais-je éteindre

Là-bas, dans l'infini, l'incendie éternel?

Vers quel point te tourner, indécise espérance,

Dans ces cieux noirs, semés d'hydrogène et de fer,

Où la matière en feu s'allonge ou se condense

Comme un serpent énorme enroulé dans l'éther?

Puisque tout se ressemble et se tient dans l'espace,

Tout se copie aussi, j'en ai peur, dans le temps ;

Ce qui passe revient, et ce qui revient passe :

C'est un cercle sans fin que la chaîne des ans.

Est-il rien de nouveau dans l'avenir qui s'ouvre?

Peut-être, — qu'on se tourne en arrière, en avant, —

Tout demeure le même : au loin on ne découvre

Que les plis et replis du grand serpent mouvant.

Oh! si notre pensée était assez féconde,

Elle qui voit le mieux, pour le réaliser ;

Si ses rêves germaient! oh! si dans ce lourd monde

Son aile au vol léger pouvait un peu peser !

La sentant vivre en moi, j'espérerais par elle

Voir un jour l'avenir changer à mon regard...

— Mais, ma pensée, es-tu toi-même bien nouvelle?

N'es-tu point déjà née et morte quelque part?

L'AGAVE-ALOÈS

Menton.

Sur le roc se dresse un agave :
Là, dans les airs, depuis longtemps,
Il croît, plante impassible et grave,
Que n'émeut jamais le printemps.

Ni fleurs ni fruits dans sa verdure ;
Roide sur le granit brûlé,
Jamais sa feuille énorme et dure
A nul vent tiède n'a tremblé.

Tout d'un coup, après des années,

La plante sent une douceur,

Ses feuilles s'ouvrent étonnées :

Une tige part de son cœur,

Tige puissante qui s'élance,

Telle qu'un arbre, droit dans l'air,

Et qui, joyeuse, se balance

A la folle brise de mer !

Au soleil, comme par prodige,

D'heure en heure on la voit grandir :

Déjà, du bout vert de la tige,

Des boutons cherchent à sortir.

Ils s'ouvrent : la fleur triomphante,

Portée au ciel comme en un vol,

S'épanouit ; alors la plante,

L'œuvre achevé, meurt sur le sol.

Elle ne vivait, immobile,

Rassemblant toute sa vigueur,

Que pour voir, — sublime et fragile, —

Cette fleur monter de son cœur.

*
* *

Humanité, plante fixée

Depuis si longtemps au sol nu,

Mais où dort la vague pensée,

Le rêve d'un ciel inconnu ;

Toi dont la vie âpre épouvante,

En proie à l'éternel labeur,

— Ton passé n'est-il qu'une attente,

Songes-tu tout bas à ta fleur ?

Rassembles-tu toute ta sève

Dans un amour silencieux,

Pour qu'un jour ton idéal lève

Sa vivante corolle aux cieux ?

Chacun de nous, courbé sur terre,
Fouillant le sol profond et dur,
Travaille pour toi, fleur légère
Qui t'entr'ouvriras dans l'azur !

L'homme, racine patiente,
Peine ici-bas à te nourrir ;
Oh ! ne trompe pas notre attente,
Vis, pour que nous puissions mourir !

La plante, elle, aperçoit ravie
S'ouvrir sa fleur blanche au matin ;
Nous, en te donnant notre vie,
Nous ne savons si c'est en vain.

Quand donc te verrons-nous éclore ?
Peut-être mourrons-nous ce soir...
Nous travaillons pour ton aurore,
Mais qui de nous pourra la voir ?

TABLE DES MATIÈRES

LIVRE PREMIER.

LA PENSÉE.

LIVRE DEUXIÈME.

L'AMOUR.

LIVRE TROISIÈME.

L'ART.

LIVRE QUATRIÈME.

LA NATURE ET L'HUMANITÉ.

FIN DE LA TABLE DES MATIÈRES.

Paris. — Imp. E. Capiomont et V. Renault, rue des Poitevins, 6.

www.ingramcontent.com/pod-product-compliance
Lightning Source LLC
Chambersburg PA
CBHW070604100426
42744CB00006B/400